HARTMUT ROSTEK

Lenkungsmöglichkeiten von Geldangebots- und Kreditmarktprozessen in einer extrem auslandsabhängigen Volkswirtschaft

Untersuchungen über das Spar-, Giro- und Kreditwesen

Abteilung A: Wirtschaftswissenschaft

Schriften des Instituts für das Spar-, Giro- und Kreditwesen an der Universität Bonn

Herausgegeben von Prof. Dr. Dr. Dr. h. c. Fritz Voigt

Band 76

Lenkungsmöglichkeiten von Geldangebots- und Kreditmarktprozessen in einer extrem auslandsabhängigen Volkswirtschaft

Das Beispiel Schweiz in den Jahren 1959 – 1970

Von

Dr. Hartmut Rostek

DUNCKER & HUMBLOT / BERLIN

Redaktion: Diplom-Volkswirt Wolfgang Riedel

Gedruckt 1975 bei Berliner Buchdruckerei Union GmbH., Berlin 61
Printed in Germany

ISBN 3 428 03234 9

Vorbemerkung

Die Arbeit wurde im Oktober 1972 während eines von der Earhart Foundation, Ann Arbor, Michigan, finanzierten Aufenthaltes an der University of Rochester, New York, abgeschlossen. Besonderen Dank schulde ich Professor Dr. Karl Brunner, der das Forschungsvorhaben angeregt und betreut hat, sowie Professor Dr. Manfred J. M. Neumann und Dr. Herbert Schui für viele klärende Diskussionen.

Inhaltsverzeichnis

Anhang

I. Das Problem

Geldangebots- und Kreditmarktprozesse reflektieren das Zusammenspiel zwischen einer staatlichen Lenkungsmacht, die allein befugt ist, Basisgeld für die Wirtschaft bereitzustellen, und einem privaten Sektor, der über Höhe und Zusammensetzung der von ihm gehaltenen Aktiva in Form von Geld, anderen Finanzaktiva und Realkapital entscheidet. Regelmechanismus bilden im Sinne der Theorie der relativen Preise neben Marktpreisen und Zinsen auch Anpassungs-, Informations- und Transaktionskosten. Der private Sektor wird üblicherweise in Geschäftsbankensystem und Nichtbankenpublikum unterteilt und häufig weiter noch in in- und ausländische Aggregate aufgespaltet.

Soweit die Grundvorstellung der modernen Geldangebotstheorie, wie sie in den 60iger Jahren in den USA entwickelt wurde und die bisher weitgehend akzeptiert zu werden scheint. Erhebliche Meinungsverschiedenheiten dagegen treten in der konkreten Einschätzung nationaler Geldangebotsprozesse auf, wie sie sich in einem System fixer Wechselkurse bei freier Konvertibilität der Währungen darstellen.

Auf der einen Seite wird behauptet, daß insbesondere in den auslandsabhängigen europäischen Volkswirtschaften das Verhalten des privaten Sektors den Geldangebotsprozeß beherrscht. Notenbankpolitische Operationen sind zum Scheitern verurteilt, da sie lediglich das Preis Zinsgefüge verändern und die Privaten veranlassen, ihr Portefeuille entsprechend den veränderten Preisrelationen in kompensatorischer Weise umzuschichten[1].

Auf der anderen Seite wird argumentiert, daß die Reaktionen von Banken und Publikum regelmäßige preistheoretische Verhaltensmuster zeigen, die sich auf gesamtwirtschaftlicher Ebene in der Tendenz ausgleichen. Der private Sektor wird als relativ stabil angesehen, so daß notenbankpolitische Maßnahmen auf die monetären Zielgrößen, wenn auch möglicherweise in abgeschwächter Form, durchschlagen. In diesem Fall können zumindest kurzfristig Geldangebots- und Kreditmarktprozesse auch in einem System fester Währungsparitäten gelenkt werden.

---

1 Bisweilen werden Lenkungsmaßnahmen auch deshalb ausgeschlossen, da das Portfolioverhalten des privaten Sektors angeblich unsystematischen Zufallsschwankungen unterliege, die selbst durch mathematische Verteilungsgesetze nicht beschrieben werden können.

Um im Beispiel der Schweiz sich nicht impressionistisch der einen oder anderen Behauptung anzuschließen, wird in der vorliegenden Abhandlung in enger Anlehnung an die Arbeiten von *Brunner* und *Meltzer*[2] eine differenzierte Hypothese über die Funktionsweise des schweizerischen Geldangebotsmechanismus formuliert, die es im Detail ermöglicht, alternative Aussagen über Kontrollmöglichkeiten zu diskriminieren und für den Beobachtungszeitraum Juni 1959[3] bis Dezember 1970 zu testen. Wir konzentrieren uns dabei auf geldpolitische Aussagen der Schweizerischen Nationalbank, die auf ihren theoretischen und empirischen Gehalt überprüft werden[4].

---

[2] Die ausführlichste zusammenfassende Darstellung der „Nichtlinearen Geldangebotshypothese" von *Brunner* und *Meltzer* findet sich bei *Burger* (1970).

[3] An der Jahreswende 1958/59 wurde die externe Konvertibilität der wichtigsten Währungen eingeführt.

[4] Die empirische Untersuchung stützt sich auf Halbjahresdaten.

II. Ein monetäres Modell für die Schweiz

1. Die Aggregate

Ausgangspunkt der Modellbetrachtung sind die drei Wirtschaftsaggregate: Monetäre Autoritäten, Banken und Publikum.

1.1 Monetäre Autoritäten

Im Gegensatz zu anderen Ländern, in denen z. B. wie in den USA neben der Zentralbank noch ein Schatzamt existiert, haben wir in der Schweiz im wesentlichen nur eine monetäre Autorität, die Schweizerische Nationalbank (SNB), deren Ausweise monatlich veröffentlicht werden (siehe Anhang I: Tabelle 3). Allein die SNB ist berechtigt, Basisgeld in Form von Sichtverbindlichkeiten und Banknoten zu schaffen. Daneben hat zwar der Bund lt. Artikel 38 der Bundesverfassung das Recht der Münzprägung; den Münzumlauf als Teil des Basisgeldes, soweit er sich in Händen des Publikums befindet, berücksichtigen wir aber aus erhebungstechnischen Gründen nicht, da die Höhe des gesamten Münzumlaufs nur in Jahreswerten ausgewiesen (Monatsbericht der SNB, Tab. 47) und die für unsere Analyse notwendige Trennung zwischen Beständen von Publikum und Banken nicht vorgenommen wird.

1.2 Banken

Das Bankensystem als 2. Modellaggregat umfaßt zunächst alle die Kreditinstitute, die jährlich in der Bankenstatistik in unkonsolidierter Form erfaßt werden[1]. Da die veröffentlichten Bilanzen nicht zwischen in- und ausländischen Positionen unterscheiden, mußten einzelne, für unser Modell wichtige ausländische Bilanzausdrücke aufgrund eigener Berechnungen über Stützhypothesen ermittelt werden (jeweils nach dem Domizilprinzip). In Tabelle 4 (Anhang I) wurde versucht, eine konsolidierte Geschäftsbankenbilanz vorzulegen.

---

[1] In: Das Schweizerische Bankwesen im Jahre ..., Mitteilungen der volkswirtschaftlichen und statistischen Abteilung der Schweizerischen Nationalbank, Tab. 3 und 31. Da hier nur Jahresendwerte aufgeführt sind, wurden die in der empirischen Untersuchung verwendeten Halbjahresdaten über die monatlichen Zwischenbilanzen ausgewählter schweizerischer Banken (veröffentlicht in den Monatsberichten der SNB, Tab. 40 u. 41) als Stützreihe berechnet.

Neben den Geschäftsbanken existiert in der Schweiz ein ausgebauter Postscheckdienst, der als Spezialbank für den Zahlungsverkehr ebenfalls in das schweizerische Bankensystem eingegliedert werden muß[2]. Da für den Postscheck als besonderen Zweig der PTT-Betriebe keine eigene Bilanz aufgestellt wird, haben wir unter Berücksichtigung verschiedener Quellen in Tabelle 5 (Anhang I) ein Bilanzschema konstruiert, das in Tabelle 6 (Anhang I) mit der Geschäftsbankenbilanz konsolidiert wurde. Da der Münzanteil an der verfügbaren Barreserve des Postschecks empirisch nicht getrennt werden konnte, haben wir die gesamten Kassenbestände des Postschecks in Tabelle 6 mit den Noten der Geschäftsbanken zu der Position Notenumlauf bei Banken NB zusammengefaßt. Das Sonderkonto PTT, das auf eine Bestimmung von 1970 zurückgeht, die den Postscheck erstmals verpflichtete, über die gewünschte Kassenhaltung hinaus den durchschnittlichen Zuwachs seiner Einlagen bei der SNB zu sterilisieren, rechnen wir als Teil des Basisgeldes der Banken der Position „Giroguthaben bei der SNB" zu. Die Publikumseinlagen beim Postscheck wurden auf der Passivseite mit den inländischen Checkrechnungen und Kreditoren auf Sicht bei den Geschäftsbanken in dem Bilanzausdruck „Inländische Sichteinlagen" DD_I vereinigt.

1.3 Publikum

Unser drittes Modellaggregat Publikum schließt den inländischen Nichtbankensektor und das Ausland ein. Auf eine ausführliche Darstellung in Kontenform verzichten wir. Für die vorliegende Untersuchung halten wir uns lediglich vor Augen, daß die Einlagen bei den schweizerischen Geschäftsbanken zusammen mit den Verbindlichkeiten der SNB gegenüber dem Publikum in Form von Noten und Sichtguthaben auf der Aktivseite der Bilanz des Publikums erscheinen, während die gewinnbringenden inländischen Aktiva der Banken als Passivposten beim Publikum gegengebucht werden.

Für die Aggregate Publikum, Geschäftsbanken und Nationalbank gilt es nun, entsprechende Verhaltensannahmen zu formulieren, die das Zusammenspiel der drei Wirtschaftssubjekte auf den schweizerischen Geld- und Kreditmärkten erklären.

2. Die monetäre Basis

Beginnen wir mit dem Verhalten der SNB in bezug auf den privaten Sektor, das wir hauptsächlich aus Veränderungen einer Basisvariablen ableiten, die wir im folgenden abgrenzen.

---

[2] Für eine nähere Begründung vgl. die ausführliche Diskussion bei *Rentsch* (1955).

In einer ersten Annäherung gehen wir von einer Basisgeldmenge aus, die

(1) die von der SNB geschaffenen Zahlungsmittel des privaten Sektors in Form von Banknoten und Sichtverbindlichkeiten umfaßt und darüber hinaus

(2) alle jene Aktiva der Privaten, die jederzeit ohne Risiko des Kapitalverlustes oder nur mit unbedeutenden Transaktionskosten in Zentralbankgeld umgetauscht werden können.

Zu letzteren zählen wir in der Schweiz die „Anderen Kassenbestände" der Geschäftsbanken (s. Tabelle 4, Anhang I), die neben ausländischer Kasse (Gold und Devisen) zum geringeren Teil auch „Übrige Kassenbestände" (insbesondere Münzen) der Banken enthalten.

Fügen wir diese Kassenmittel zu den Aktiva und Passiva der Nationalbankbilanz in Tabelle 3 hinzu, können wir nach einigen Umstellungen in Tabelle 7 die monetäre Basis für die Schweiz entwickeln.

Die Geldbasis kann entweder von der Aktiv- oder Entstehungsseite als Angebotsgröße der SNB oder von der Passiv- oder Verwendungsseite als Nachfrage der übrigen Wirtschaftssektoren ermittelt werden.

2.1 *Verwendung*

Gehen wir von der Passivseite der Nationalbankbilanz aus, erhalten wir die Geldbasis in Tabelle 7 als Summe des Notenumlaufs N, der täglich fälligen Verbindlichkeiten gegenüber Banken, Handel und Industrie, $TVBH$, der „Anderen Kassenbestände" der Banken AKB und der zeitlich gebundenen Gelder ZB in Form von Girorechnungen, Pflichtdepots und Sonderkonto PTT bei der Nationalbank

$$(1) \qquad B = N + TVBH + ZB + AKB \ .$$

Die Girorechnungen von Banken mit vorübergehender zeitlicher Bindung gehen auf eine Vereinbarung zwischen der SNB und den Großbanken im März 1961 über die Neutralisierung von Spekulationsgeldern in Höhe von 1 035 Millionen Franken auf Sonderkonto bei der SNB zurück. Das Sonderkonto wurde am 28. April 1967 auf 690 Millionen Franken reduziert und am 15. Dezember 1967 aufgelöst. Bei den Pflichtdepots als weiterem Bestandteil der Variablen ZB handelt es sich um den Gegenwert des Zuwachses an Schweizerfranken-Verbindlichkeiten gegenüber Ausländern, den die Banken seit dem 1. Januar 1964 laut Bundesbeschluß bei der SNB einzuzahlen hatten, soweit er nicht in fremder Währung im Ausland angelegt wurde. Der Bundesbeschluß hatte bis Anfang 1967 Gültigkeit. Das Sonderkonto PTT, erstmalig 1970 eingeführt, wurde bereits erläutert. Die Größe *ZB* bestimmt somit eine Form der Mindestreservehaltung in der Schweiz.

Die noch ausstehenden Passivpositionen der Nationalbankbilanz „Übrige täglich fällige Verbindlichkeiten" und „Verbindlichkeiten auf Zeit" werden nicht zur privaten Verwendung der Geldbasis gezählt. Sie reflektieren die institutionelle Verflechtung zwischen SNB und Bund, die sich in der Beschreibung dieser Passivpositionen erschöpft[3]. Bei den „Verbindlichkeiten auf Zeit" handelt es sich um ein blockiertes Konto des Bundes, das den Gegenwert für die am 1. Oktober 1960 und 4. August 1964 erfolgte Plazierung von Schatzanweisungen bei den Banken ausweist. Buchungstechnisch kann man sich den Vorgang in der Sequenz folgendermaßen vorstellen: Der Bund gibt Sterilisierungsreskriptionen an die SNB, die den Gegenwert auf blockiertem Konto als „Verbindlichkeiten auf Zeit" gutschreibt. Die SNB plaziert im Einvernehmen mit dem Bundesrat die Reskriptionen bei den Banken unter Übernahme der Zinskosten auf eigene Rechnung. Die Banken zahlen mit einem entsprechenden Rückgang ihrer Giroeinlagen bei der SNB. Wir haben es also mit einer restriktiven Offenmarktoperation zur Bindung überflüssiger Marktmittel bei den Banken zu tun. Da die SNB selbst nur über einen relativ geringen Bestand an Geldmarktpapieren verfügt, setzt sie in der geschilderten Weise Bundesreskriptionen ein.

Die „Übrigen täglich fälligen Verbindlichkeiten" bestehen im wesentlichen aus Einlagen des Bundes, der seine Kassenrechnung über Konto bei der SNB abwickelt. Häufig werden diese Einlagen als Instrument der Geldpolitik in Zusammenarbeit zwischen Bund und Nationalbank eingesetzt. So werden z. B. überschüssige Steuereinnahmen „nur dann zur Schuldentilgung der in Umlauf befindlichen Anleihen verwendet, wenn die Marktsituation es erlaubt. Sind die Papiere fällig geworden und ist der Geldmarkt bereits sehr flüssig, so werden die durch die Rückzahlung in den Kreislauf fließenden Mittel durch Ausgabe von Reskriptionen wieder gebunden"[4].

Nachdem wir in Gleichung (1) die Verwendung der Geldbasis in ihrem Umfang bestimmt haben, müssen wir entsprechend der sektoralen Gliederung unserer Geldangebotshypothese weiter zwischen Bank- und Publikumspositionen unterscheiden.

---

[3] Verknüpfungen auf der Aktivseite der Nationalbankbilanz bestehen zwischen Bund und SNB praktisch nicht, da der Bund im Gegensatz zu gesetzlichen Bestimmungen in anderen Ländern keine Buchkredite bei der Zentralbank in Anspruch nehmen kann. Von der Möglichkeit, sich über die Diskontierung von Schatzanweisungen zu verschulden, hat der Bund im beobachteten Zeitraum keinen Gebrauch gemacht.

[4] Heide *Wolff* (1969), S. 61.

Den Notenumlauf N in (1) teilen wir auf in Noten, gehalten vom Publikum NP und vom Bankensektor NB

$$N = NP + NB \ . \tag{1.1}$$

Bei den täglich fälligen Verbindlichkeiten $TVBH$ trennen wir täglich fällige Verbindlichkeiten gegenüber Banken TVB von täglich fälligen Verbindlichkeiten gegenüber Handel und Industrie TVH

$$TVBH = TVB + TVH \ . \tag{1.2}$$

Die Girorechnungen von Handel und Industrie TVH werden in der Schweiz von größeren Wirtschaftsunternehmen aus Transaktionsüberlegungen wegen des schnellen Gironetzes der Zentralbank gehalten. Es handelt sich um zinslose Guthaben.

Aus der konsolidierten Bilanz der Geschäftsbanken und des Postschecks in Tabelle 6 (Anhang I) entnehmen wir die Definition des Basisgeldes der Banken

$$BB = NB + GB + AKB \ , \tag{1.3}$$

wobei GB sowohl die zeitlich gebundenen als auch die nicht gebundenen Girorechnungen der Banken umfaßt.

$$GB = ZB + TVB \ . \tag{1.4}$$

Definieren wir schließlich das Basisgeld des Publikums als die Summe von Noten NP und Girorechnungen TVH

$$BP = NP + TVH \ , \tag{1.5}$$

kann die Geldbasis in (1) unter Verwendung der Definition (1.1) bis (1.5) ausgedrückt werden als

$$B = BB + BP \ . \tag{2}$$

Die monetäre Basis reflektiert dann auf ihrer Verwendungs- oder Allokationsseite die konkurrierende Nachfrage der Sektoren Banken und Publikum nach Basisgeld.

Das Basisgeld der Banken BB in (2) spalten wir weiter nach der Art der Reservehaltung in Mindest- und Überschußreserven auf. Wie bereits erwähnt, müssen in der Schweiz Geschäftsbanken und Postscheck in bestimmten Zeiträumen Girokonten in gebundener Form bei der Nationalbank führen. Darüber hinaus sind noch die Geschäftsbanken verpflichtet, auf ihre kurzfristigen Verbindlichkeiten[5] Pflichtreserven zu halten. Die Höhe der Pflichtliquidität wird über Reserve-

[5] Die ‚Kurzfristigen Verbindlichkeiten‘ sind im Art. 14 des Bundesgesetzes über die Banken und Sparkassen abgegrenzt. Sie enthalten neben kurzfristigen Publikumsgeldern, zu denen u. a. auch innert Monatsfrist rückzahlbare Termineinlagen gerechnet werden, kurzfristige Bankenkreditoren.

sätze bestimmt, die in der Vollziehungsverordnung des Bankengesetzes geregelt sind, und die ohne Gesetzesänderung relativ rasch vom Bundesrat geänderten Verhältnissen angepaßt werden können. Eingeführt wurde die Pflichtliquidität in der Schweiz im Jahre 1935 zum Gläubigerschutz. Aufgrund statistischer Erhebungen setzte man die Reservesätze damals so an, daß die Banken sie leicht erfüllen konnten. Im Jahre 1961 wurde eine drastische Erhöhung vorgenommen, wobei die Anforderungen ungefähr um das Doppelte stiegen.

Die Berechnung der geforderten Pflichtliquidität stützt sich auf eine Methode, die auf die unterschiedliche Struktur der einzelnen Banken Rücksicht nimmt. Sie richtet sich innerhalb bestimmter Grenzen nach dem Anteil der kurzfristigen an den gesamten Verbindlichkeiten. Diese Anforderungen steigen progressiv mit zunehmender Bedeutung der kurzfristigen Verbindlichkeiten. Seit dem 1. Oktober 1961 sind die Sätze wie folgt festgelegt: Bei einem Anteil der kurzfristigen Verbindlichkeiten bis zu 15 % der gesamten Verbindlichkeiten beträgt die Reservehaltung 5 % der kurzfristigen Verpflichtungen. Der Betrag der kurzfristigen Verbindlichkeiten, der 15 %, aber nicht 25 % der totalen Verpflichtungen übersteigt, wird mit 7½ % Mindestliquidität belegt. Was über die 25%-Grenze hinausgeht, wird einer Kassenhaltung von 10 % unterworfen. Der Pflichtreservesatz auf kurzfristige Verbindlichkeiten erreicht somit nach den neuen Bestimmungen von 1961 bei einer Bank, die nur Verpflichtungen kurzfristiger Natur hält, ein Maximum bei 9 % bei einem Minimum von 5 %. Die genaue Kenntnis des durchschnittlichen Pflichtreservesatzes aller Geschäftsbanken ist nur als Beobachtungswert möglich[6]. Eine Prüfung dieser Quote im Zeitraum 1961 IV bis 1970 IV zeigt, daß der Wert sich zwischen 7,4 und 7,5 % bewegte, also nahezu konstant war. Vor der Erhöhung der Mindestreserveforderungen in den Jahren 1948 IV bis 1960 IV lag der Pflichtreservesatz aufgerundet immer bei 3,7 %. Bezeichnen wir den durchschnittlichen beobachteten Pflichtreservesatz auf kurzfristige Verbindlichkeiten der Geschäftsbanken mit r_{KV} und die kurzfristigen Verbindlichkeiten mit KV, erhalten wir unter Berücksichtigung der zeitlich gebundenen Gelder ZB die gesamten Mindestreserven BB_M der Banken als

$$BB_M = r_{KV} KV + ZB \ . \tag{2.1}$$

Die über die Mindestguthaben hinaus freiwillig gehaltenen Überschußreserven symbolisieren wir mit $BB_Ü$. Dann gilt für das Basisgeld der Banken

$$BB = BB_M + BB_Ü \ . \tag{2.2}$$

---

[6] Die Werte werden einmal jährlich in „Das Schweizerische Bankwesen im Jahre ...“ veröffentlicht.

2.2 *Entstehung*

Die Entstehungsseite der monetären Basis gibt unmittelbar Auskunft über die speziellen institutionellen Gegebenheiten des Geldangebotsprozesses in der Schweiz. Ausgehend von der Aktivseite der Nationalbankbilanz, die wie bereits die Passivseite um die „Anderen Kassenbestände" der Banken erweitert wurde, definieren wir nach einigen Umstellungen in Tabelle 7 die Entstehung der Geldbasis als Summe der Internationalen Reserven *IR*, der Offenmarktkomponente *OM*, der Refinanzierung *RF* und der übrigen Posten *Ü*:

(3) $$B = IR + OM + RF + Ü \; .$$

Die Auslandskomponente *IR* der Geldbasis umfaßt neben den in Tabelle 3 ausgewiesenen Internationalen Reserven der SNB (Gold und Devisen, Ausländische Schatzanweisungen in sFr, Kursgesicherte Guthaben bei ausländischen Notenbanken, Ausländische Korrespondenten) den ausländischen Teil der „Anderen Kassenbestände" der Banken in Form von Gold und Devisen bei den Geschäftsbanken.

Die „Übrigen Kassenbestände" der Geschäftsbanken (insbes. Münzgeld) werden dem Ausdruck *Ü*, Übrige Posten, zugerechnet, der neben der Nettoposition der Nationalbankbilanz die negativen Einlagen der öffentlichen Hand einschließt.

Die Offenmarktkomponente *OM* enthält neben den „eigenen Wertschriften" den negativen Gegenwert für die an Banken ausgegebenen Sterilisierungsreskriptionen des Bundes.

Die Refinanzierung *RF* wurde bereits in der Nationalbankbilanz (Tab. 3) als Summe von Wechseln (Schweizerwechsel, Diskontierte Obligationen), Schatzanweisungen des Bundes, Lombardvorschüssen und Inländischen Korrespondenten abgegrenzt.

Die Summe der Variablen *OM*, *RF* und *Ü* beschreibt den inländischen Anteil der Entstehung der Geldbasis, der von der SNB beeinflußt wird und den wir mit *POL* bezeichnen:

(3.1) $$POL = OM + RF + Ü \; .$$

Der Bestand an Internationalen Reserven *IR* — größenmäßig die überragende Position in unserer Basisgleichung — ist aufgrund der volkswirtschaftlichen Gesamtrechnung (die allerdings nur „flow"-Größen erfaßt) gegeben als Integral über alle vergangenen Leistungsbilanzsalden minus Nettoauslandsaktiva des Publikums und Nettoauslandskredite der Banken

(3.2) $$IR = [\int (EX - IM)\, dt - NAP_A] - NGAB_A \; .$$

Über Swapgeschäfte[7] und eventuell durch Maßnahmen gegen einströmende Auslandsgelder und inländische Kreditzuwachsbegrenzungen[8] hat die SNB die Möglichkeit, auch den Nettoauslandsstatus der Banken und damit die Auslandskomponente *IR* zu beeinflussen.

2.3 Bereinigte Basis

Die Nettokreditgewährung bzw. -verschuldung der Banken an das Ausland $NGAB_A$ in (3.2) ebenso wie die Verschuldung *RF* bei der Zentralbank in (3.1) kontrolliert die SNB allerdings nur insofern, als sie die direkten und alternativen Kosten der Kreditaufnahme beeinflußt. So wirkt sie auf die Nettoauslandsforderungen $NGAB_A$ beispielsweise über Verzinsungsverbote „neuer" ausländischer Frankendepositen bis hin zu Pflichtdepots für den Zuwachs an Schweizerfranken-Verbindlichkeiten gegenüber Ausländern[9]. Das Refinanzierungsvolumen *RF* lenkt die SNB u. a. über eine Festlegung des Diskont- und Lombardsatzes und in geringem Umfang durch Kreditrestriktionen, die die Art des Wechselmaterials betreffen[10]. Da in der Schweiz die Refinanzierungskosten traditionell stabil sind — Ende 1957 bis Ende 1970 bewegte sich der Diskontsatz zwischen 2 % und 3,75 % bei nur fünf Veränderungen — wird häufig behauptet, daß in der Schweiz eine Refinanzierungspolitik „im eigentlichen Sinne" nicht existiere, d. h. die SNB würde nicht einmal indirekt über die Refinanzierungskosten die Bankverschuldung beeinflussen. Diese Argumentation ist natürlich verfehlt, wenn man bedenkt, daß bei schwankendem Zinsniveau auf dem Geld- und Kapitalmarkt, wie es im beobachteten Zeitraum der Fall war, eine Konstanthaltung des Diskontsatzes eine refinanzierungspolitische Maßnahme bedeutet[11].

In einer „bereinigten" Basisdefinition nehmen wir das gewünschte Refinanzierungsvolumen *RF* und die Nettoauslandsnachfrage der Banken $NGAB_A$ heraus. Zusätzlich berücksichtigen wir den Einfluß von Mindestreservemaßnahmen auf die Basisgeldverwendung der Banken. Dabei erfassen wir die Bankreserven, die über eine vorübergehende

---

[7] Die SNB ist von Gesetzes wegen selbst nicht zum Abschluß von Devisenterminoperationen berechtigt. Sie kann aber auf Rechnung der Federal Reserve Bank of New York Dollars auf Termin gegen sFr erwerben.

[8] Diese geldpolitische Maßnahmen werden ausführlicher im Zusammenhang mit den Bankverhaltensparametern diskutiert.

[9] Vgl. S. 13.

[10] Die SNB kann auch direkte Limitierungen vereinbaren.

[11] z. B. wurde der Diskontsatz vom 10. Juli 1967 bis zum 14. September 1969 auf dem konstanten Niveau von 3 % gehalten. Im gleichen Zeitraum schwankte die eidg. Obligationenrendite zwischen 4,3 und 5,2 %, die Dreimonatsdepots in London sogar zwischen 5 und 11,3 %, was die Banken zu einer erheblichen Refinanzierung veranlaßte.

zeitliche Bindung von Geldern ZB bei der Nationalbank und über Erhöhung des durchschnittlichen Pflichtreservesatzes r_{KV} freigesetzt bzw. gebunden werden, durch den Ausdruck[12]

$$L = -\left[ZB + \int dr_{KV}\, KV\, dt\right] . \tag{4.0}$$

Da der Pflichtreservesatz r_{KV} bisher nur einmal, und zwar im Oktober 1961, geändert wurde, kann das Integralzeichen in (4.0) auch weggelassen werden.

Für die „bereinigte" Basis B_a ergibt sich dann ausgehend von Definition (3)

$$B_a = B - RF + L + NGAB_A$$

oder unter Verwendung von (3.1) und (3.2)

$$B_a = POL_a + IR_a , \tag{4}$$

wobei

$$POL_a = POL - RF + L = OM + \ddot{U} + L \tag{4.1}$$

und

$$IR_a = IR + NGAB_A = [\int (EX - IM)\, dt - NAP_A] . \tag{4.2}$$

POL_a bezeichnet den Teil der bereinigten Basis, der von der Nationalbank direkt gelenkt werden kann. Halten wir uns vor Augen, daß das Integral über vergangene Leistungsbilanzsalden in (4.2) von laufenden Geldangebots- und Kreditmarktprozessen vollständig unberührt bleibt; weiter, daß die Nettoauslandsposition des Publikums NAP_A, die wegen relativ höherer Informations-, Anpassungs- und Transaktionskosten auf Zinsbewegungen weniger elastisch als die Nettoauslandsnachfrage der Banken reagiert, von politischen Maßnahmen zumindest sehr kurzfristig kaum beeinflußt wird; dann kann die Auslandskomponente IR_a für die Nationalbank als exogen gegeben betrachtet werden. Schwankungen im ausländischen Basisanteil IR_a können jederzeit durch Änderungen der Inlandskomponente POL_a ausgeglichen werden. Mit anderen Worten, die Geldbasis in Gleichung (4) kann insgesamt von der SNB kontrolliert werden.

---

[12] Das Konzept der „liberated reserves" wurde in modifizierter Form erstmals von Karl *Brunner* (1961) für die USA entwickelt.

Gehen wir von der Verwendungsseite in Gleichung (2) aus, erhalten wir für die bereinigte Basis

$$B_a = (BB - RF + L + NGAB_A) + BP \ . \tag{5}$$

Der Klammerausdruck bezeichnet das erweiterte freie Basisgeld der Banken, wobei die Auslandsguthaben mit relativ geringen Transaktionskosten in Basisgeld im engeren Sinne (Noten und Sichtguthaben bei der SNB) überführt werden können. Die Differenz $BB - RF$ definiert die nicht ausgeliehenen Reserven des Bankensystems (unborrowed reserves).

3. Bankverhalten

Nach Ableitung der monetären Basis als entscheidender Modellvariablen wenden wir uns den Aggregaten Banken und Publikum zu, für deren Angebots- und Nachfrageverhalten wir geeignete Reaktionshypothesen unter Berücksichtigung verschiedener Nebenbedingungen formulieren. Während die SNB im wesentlichen durch die Zahlungsbilanzentwicklung eingeschränkt ist[13], sind die Maßnahmen und institutionellen Regelungen der SNB selber wieder einschränkende Bedingung für die Handlungsweisen von Banken und Publikum. Hinzu kommt, daß in der Schweiz die Banken auf „Agreement"-Ebene sich selbst einschränkende Maßnahmen auferlegen[14].

Ausgangspunkt für die Beschreibung des Bankverhaltens ist die konsolidierte Bilanz des Geschäftsbankensystems einschließlich des Postschecks, den wir als Spezialbank für den Zahlungsverkehr dem Bankensektor eingegliedert haben. In Gleichungsform stellt sich die Bilanz in Tabelle 6 (Anhang I) folgendermaßen dar:

$$BB + NGAB_A + GA_I = D + RF + OL - PB_A \ . \tag{6}$$

Die ersten beiden Ausdrücke in (6) machen einen Teil des erweiterten Basisgeldes des Bankensektors aus (s. o.), wobei der Nettoauslandsstatus $NGAB_A$ die Differenz zwischen gewinnbringenden ausländischen Aktiva GAB_A und ausländischen Passiva PB_A bezeichnet:

$$NGAB_A = GAB_A - PB_A \ .$$

Die Variable GA_I umfaßt die gewinnbringenden Aktiva GAB_I der Geschäftsbanken gegenüber dem inländischen Publikum und die gewinnbringenden Aktiva $GAPC$ des Postschecks

$$GA_I = GAB_I - GAPC \ .$$

---

[13] Das bedeutet natürlich nicht, daß die SNB unfähig ist, Auslandseinflüsse durch entgegengesetzte politische Maßnahmen auszugleichen.

[14] Vgl. hierzu die analogen Ausführungen von *Fratianni* (1972) zu Italien, insbesondere S. 25.

Die „earning assets“ des Postschecks setzen sich hauptsächlich aus Forderungen gegenüber dem Bund in Form von verzinsten Sichtguthaben beim Eidg. Finanzdepartment und in Obligationen und Darlehen an die Eidgenossenschaft zusammen (s. Tabelle 5, Anhang I)[15]. Die zinstragenden Aktiva der Geschäftsbanken umfassen neben den inländischen Krediten (Debitoren, Vorschüsse an öfftl. rechtl. Körperschaften, Wechsel und Hypothekaranlagen) auch inländische Wertschriften, die knapp 10 % der inländischen Kredite ausmachen.

Auf der rechten Seite in Gleichung (6), der Passivseite der Bankbilanz, haben wir zunächst die gesamten Einlagen D des in- und ausländischen Publikums einschließlich ausländischer Bankenkreditoren als Summe von Sichteinlagen DD, Zeiteinlagen Z und Sparguthaben S, so daß

(6.1) $$D = DD + Z + S \ ,$$

wobei $DD = DD_I + DD_A$ mit DD_A als ausländische Checkrechnungen und Kreditoren auf Sicht.

In der Variablen S sind Spareinlagen, Depositen-, Einlagehefte und Kassenobligationen und -scheine zu einer Größe zusammengefaßt. Die Kassenobligationen repräsentieren eine Besonderheit der schweizerischen Kreditorganisation. Es handelt sich um Depositen, die auf 3 bis 5, gelegentlich auf 8 Jahre gebunden sind. Die entstehende Forderung gegen die Bank wird in Form eines Papiers transferiert, auf das verschiedene Zinsen je nach der Marktsituation gezahlt werden.

Die noch ausstehenden Posten in unserer Bilanzgleichung (6) bezeichnen die Verschuldung RF der Geschäftsbanken bei der SNB, die „Übrigen Verpflichtungen“ OL, die außer einem statistischen Konsolidierungsfehler[16] Obligationenanleihen, Pfandbriefdarlehen, sonstige Verpflichtungen und Eigene Mittel umfassen und die ausländischen Passiva PB_A, die entsprechend der Nettobildung auf der Aktivseite von den totalen Passiva subtrahiert werden müssen.

Die gewünschte Aufteilung in ausgeliehene und nicht ausgeliehene Reserven, totale Reserven und in- und ausländische gewinnbringende Aktiva (netto) drückt das Nachfrageverhalten der Banken auf dem Kreditmarkt aus. Das Angebotsverhalten wird durch „price-setting“-Funktionen beschrieben, die die von den Banken gewährten Einlagen-

---

[15] Obwohl der Staat Hauptkreditnehmer des Postschecks ist, entscheidet aber grundsätzlich die PTT-Verwaltung über die Anlagepolitik, d. h. die Form des Asset-Mix. Dem Finanzdepartment ist lediglich ein Mitspracherecht eingeräumt (vgl. *Rentsch* 1955, S. 47).

[16] Der Konsolidierungsfehler ist auf die Tatsache zurückzuführen, daß sich inländische Bankendebitoren und -kreditoren im beobachteten Zeitraum nicht vollständig zu Null saldieren.

zinsen für Zeit- und Spareinlagen betreffen. Zur Kennzeichnung des Nachfrageverhaltens genügt es in unserem Modell, im wesentlichen drei Reaktionsfunktionen für die gewünschte Reservehaltung $BB_Ü$, die Verschuldung RF bei der SNB und die Nettoverschuldung bzw. Nettokreditgewährung an das Ausland $NGAB_A$ explizit zu formulieren. Die Höhe der Nachfrage nach inländischen gewinnbringenden Aktiva GA_I wird nach Aufstellung des Gesamtmodells über einen Basis-Multiplikator-Ansatz auf dem Kreditmarkt bestimmt. Die „Übrigen Verpflichtungen" der Banken OL werden im Modell indirekt als Restvariable erklärt.

Die Nachfragegleichungen setzen wir als linear homogene Verhaltensfunktionen in bezug auf den Niveaufaktor D, gesamte Depositen, an.

3.1 *Reserveverhalten*

Beginnen wir mit der Reservehaltung der Schweizer Banken. Im Zusammenhang mit der Ableitung der Basisgeldverwendung in Gleichung (2.2) haben wir gesehen, daß die Banken unverzinste Mindestguthaben bei der SNB halten müssen und darüber hinaus freiwillig Überschußreserven ausweisen.

Das gesamte Basisgeld der Bank BB, die gewünschten Überschußreserven $BB_Ü$ und die Mindestreserven BB_M in (2.2) seien proportional den totalen Einlagen D, so daß

$$BB = rD \tag{7}$$

$$BB_M = r_M D \tag{8}$$

$$BB_Ü = r_Ü D \ , \tag{9}$$

wobei r den totalen durchschnittlichen Reservesatz, r_M den totalen Mindestreservesatz und $r_Ü$ den Überschußreservesatz symbolisiert.

Unter Verwendung von Definition (2.1) können wir den Mindestreservesatz r_M weiter bestimmen als

$$r_M = r_{KV} h + ZB \frac{1}{D} \tag{8.1}$$

für

$$h =: \frac{\mathrm{KV}}{D} \ .$$

Die aufgrund von Änderungen der Mindesthaltungsvorschriften r_{KV} und ZB freigesetzten Reserven hatten wir in (4.0) mit L bezeichnet. Bilden wir L ebenfalls auf den Niveauparameter D ab, erhalten wir den „freigesetzten" Reservesatz

(8.2) $$l = \frac{L}{D} = - \int dr_{KV} h\, dt - \frac{ZB}{D} \; .$$

Für die Summe von (8.1) und (8.2) gilt:

(8.3) $$r_M + l = r_{KV} h - \int dr_{KV} h\, dt \; .$$

Änderungen von r_{KV} haben keine Auswirkung auf (8.3).

Wenn wir den positiven Einfluß des Koeffizienten h vernachlässigen, d. h. annehmen, daß h im Zeitablauf kaum Schwankungen unterworfen ist, dann ist $r_M + l$ in (8.3) konstant, d. h.

$$\frac{d\,(r_M + l)}{dt} = 0 \; .$$

Berücksichtigen wir zusätzlich, daß der totale durchschnittliche Reservesatz aufgrund der Definitionen (7) - (9) und (2.2) gegeben ist als

$$r = r_M + r_U \; ,$$

dann reflektieren Änderungen des totalen Reservesatzes r einschließlich des freigesetzten Reservesatzes l allein das Überschußreserveverhalten der Banken, wie es sich in einer Änderung des Überschußreservesatzes r_U ausdrückt

$$\frac{d\,(r + l)}{dt} = \frac{dr_U}{dt} \; .$$

Dem Überschußreserveverhalten kommt in der Schweiz allein schon wegen seines quantitativen Ausmaßes eine besondere Bedeutung zu[17]. Die Banken bemühen sich einerseits, Transaktions- und Informationskosten, die durch Umwandlung von Krediten in Bargeld bei kurzfristig auftretender Bargeldnachfrage entstehen[18], über die Haltung von Überschußreserven zu minimieren; weiter pflegen sie ein ausgedehntes window-dressing oder anders ausgedrückt, sie produzieren mit dem Ausweis von Überschußreserven einen Werbefaktor. Andererseits müssen die Banken die Opportunitätskosten, d. h. die Renditen berücksichtigen, die bei alternativer Verwendung des Basisgeldes auf schweizerischen und ausländischen Kreditmärkten erzielt werden können.

---

[17] Ende 1969 überstiegen die Überschußreserven die geforderte Mindesthaltung der Banken um das 1,7fache. Ende 1960, vor Heraufsetzung der Mindestliquiditätsvorschriften waren die Überschußreserven sogar 4,3 mal höher als die Mindestreserven.

[18] Zu bestimmten Zeitpunkten übersteigen die Barauszahlungen die Bareinzahlungen, wobei die Zahlungsüberschüsse normalverteilt postuliert werden. Wegen des relativ großen Anteils der kurzfristigen Auslandsverpflichtungen an den gesamten Publikumseinlagen setzt man die erwarteten Zahlungsüberschüsse in der Schweiz allgemein hoch an.

Den Optimierungsprozeß beschreiben wir über die folgende Verhaltensgleichung, wobei nur statistisch ausweisbare Variablen in die Funktion eingehen:

(9.1) $$r_{\ddot{U}} = r_{\ddot{U}} \, (i_K \, , i_{EU} + w - i_K \, , i_K - \delta \, , \, MR)$$

$MR = r_{KV}, ZB$

i_K = Kapitalmarktzins (eidgenössische Obligationenrendite)

$i_{EU} + w$ = Nettoverzinsung auf dem Euromarkt (Verzinsung der Dreimonatsdepots + Swapsatz[19])

δ = Diskontsatz

Die Elastizitäten des Überschußreservesatzes $r_{\ddot{U}}$ in bezug auf die Argumente in (9.1) erwarten wir alle negativ.

Der inländische Kapitalmarktzins i_K mißt die Alternativkosten für die Haltung von Überschußreserven.

Da kurzfristige Anlagen das engste Substitut zur Kassenhaltung bilden, müßte nach rein theoretischen Gesichtspunkten auch eine kurzfristige Zinsrate wie der inländische Geldmarktzins Verwendung finden. Die Schweiz verfügt aber neben einem hochentwickelten Kapitalmarkt über keinen eigentlichen Geldmarkt. Inländische Geldmarkttitel fehlen weitgehend, und die Banken legen einen großen Teil ihrer liquiden Mittel auf ausländischen Geldmärkten an[20]. Aus diesem Grunde erscheint es gerechtfertigt, allein den Kapitalmarktzins in Form der durchschnittlichen Obligationenrendite als den beweglichsten Zinssatz in der Schweiz zu verwenden[21].

Die Differenz $i_{EU} + w - i_K$ definiert den Arbitragefaktor[22] für internationale Kapitalströme. Überschreitet die Nettoverzinsung auf dem Euromarkt den Inlandszins um einen positiven Minimalbetrag, werden die Schweizer Banken in ausländische Anlagen investieren. Die Opportunitätskosten für die Überschußliquidität sind dann gleich dem Nettozins $i_{EU} + w$. Die Größe des kritischen Zinsdifferentials zwischen der Schweiz und dem Ausland wird von *Leutwiler* (1971) im kurzfristigen Sektor, namentlich im Eurogeldmarktgeschäft, kleiner, im langfristigen Sektor eher größer als 1 - 1 ½ % geschätzt[23].

---

[19] Der Swapsatz w bestimmt die Kosten der Kurssicherung $w = \frac{w_Z - w_K}{w_K}$, wobei w_Z den Terminkurs (sFr/$) und w_K den Kassakurs bezeichnet. Da der Terminkurs des Dollars im beobachteten Zeitraum jeweils unter dem Kassakurs lag (ausgenommen 1960 II, wo $w_Z = w_K$), ist w negativ.

[20] *Tuchtfeldt*, Egon (1968 a), S. 444, Anmerkung 12.

[21] Vgl. *Schelbert*, Heidi (1967), S. 35.

[22] Zur Ableitung dieses Faktors siehe *Fratianni* (1972), S. 43 f.

[23] *Leutwiler* (1971), S. 282.

Die letzten beiden Argumente in (9.1) beschreiben den Einfluß der Diskont- und Mindestreservepolitik.

Da der Diskontsatz δ im beobachteten Zeitraum kaum Schwankungen unterworfen war, erschien es sinnvoll, — u. a. um signifikante Schätzergebnisse zu erhalten —, diese Variable mit einem beweglichen Marktzins wie der inländischen Obligationenrendite zu verknüpfen. Die Veränderung der Zinsdifferenz $i_K - \delta$, die den Nettoertrag der über Notenbankkredite finanzierten Anlagen bestimmt, ist ein Maß für die Diskontpolitik der SNB, die sich also nicht notwendigerweise in einer aktiven Änderung des Diskontsatzes ausdrücken muß.

Im Gegensatz zur üblichen Formulierung des Reserveverhaltens[24] nehmen wir an, daß in der Schweiz der Überschußreservesatz von mindestreservepolitischen Maßnahmen beeinflußt wird. Das bedarf einer ausführlicheren Begründung, die wir anhand einer Graphik veranschaulichen.

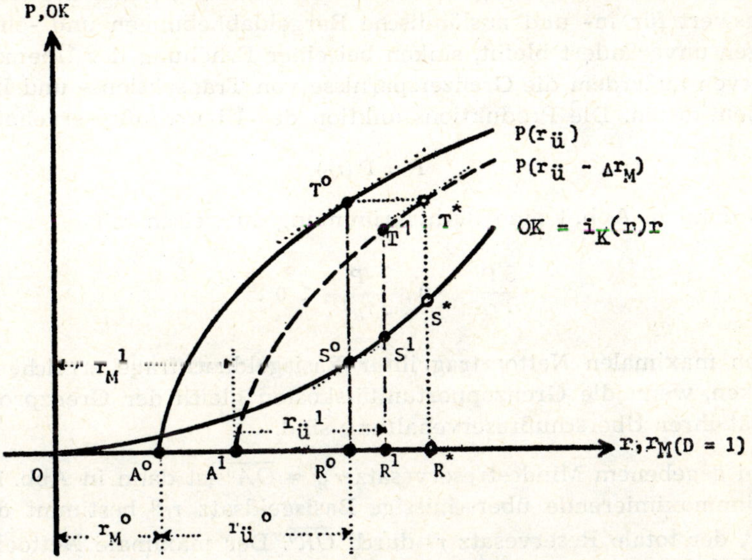

Abb. 1: Wirkung von mindestreservepolitischen Maßnahmen auf die Basisgeldhaltung der Schweizer Banken

In Abb. 1 haben wir auf der Abszissenachse die Reservesätze r und r_M abgetragen[25]. Da wir den Niveaufaktor $D = 1$ setzen, sind Reservequoten und absolute Reserven in unserem Schaubild identisch. Die

[24] Vgl. z. B. *Burger* (1970).

[25] Der Überschußreservesatz r_U wird jeweils als Differenz $r_U = r - r_M$ ermittelt.

Ordinatenachse bezeichnet die Opportunitäten OK, die den Einkommensverlust angeben, den die Banken erleiden, wenn sie unverzinste Guthaben bei der SNB halten; außerdem ist auf der Ordinate das Produktionsvolumen P abgetragen, das die „produzierte“ Ersparnis von Transaktions- und Informationskosten bei überschüssiger Basisgeldhaltung und den Werbefaktor des window-dressing umfaßt.

Vergrößern die Banken ceteris paribus ihre Reservehaltung BB, sinkt relativ das Kreditangebot (Nachfrage nach earning assets) auf dem Kapitalmarkt. Der Kapitalmarktzins i_K erhöht sich, und die Opportunitätskosten der vergrößerten Basisgeldhaltung steigen überproportional an. Die Opportunitätskostenfunktion $OK = i_K(r)\, r$ muß also in Abb. 1

linksgekrümmt verlaufen mit $\frac{\partial\, i_K}{\partial\, r} > 0$.

Mit steigender Überschußreservehaltung BB_U nimmt das Grenzprodukt des window-dressing ab. Unter der Annahme, daß der Erwartungswert für in- und ausländische Bargeldabhebungen und -einzahlungen unverändert bleibt, sinken bei einer Erhöhung der Überschußreserven außerdem die Grenzersparnisse von Transaktions- und Informationskosten. Die Produktionsfunktion der Überschußreservehaltung

$$P = P\,(r_U)$$

muß dann in Abb. 1 eine Rechtskrümmung aufweisen mit

$$\frac{\partial\, P}{\partial\, r_U} > 0\,,\ \frac{\partial\, ^2P}{\partial\, r_U{}^2} < 0\ .$$

Den maximalen Nettoertrag ihrer Basisgeldnachfrage erreichen die Banken, wenn die Grenzopportunitätskosten gleich der Grenzproduktivität ihrer Überschußreservehaltung sind.

Bei gegebenem Mindestreservesatz $r_M{}^0 = \overline{OA^0}$ ist dann in Abb. 1 der gewinnmaximierende überschüssige Basisgeldsatz $r_U{}^0$ bestimmt durch $\overline{A^0R^0}$, der totale Reservesatz r^0 durch $\overline{OR^0}$. Der maximale Nettoertrag ist $\overline{S^0T^0}$, wobei die Steigungen der Tangenten in S^0 und T^0 gleich sind und die Grenzkosten bzw. -produktivität im Gewinnmaximum bezeichnen.

Wird nun der Mindestreservesatz aufgrund einer Änderung des Pflichtreservesatzes r_{KV} oder der gebundenen Girorechnungen ZB um $\Delta\, r_M = \overline{A^0A^1}$ auf $r_M{}^1$ erhöht, verschiebt sich die Produktionsfunktion horizontal nach rechts um eben diesen Betrag. Halten die Banken ihren Überschußreservesatz konstant, so daß $r_U{}^1 = r_U{}^0 = \overline{A_1R^*}$, realisieren sie zwar in T^* die gleiche Grenzproduktivität wie in T^0 bzw. S^0, die korrespondierenden Grenzkosten in S^* übersteigen aber die in T^*, so daß keine Optimalsituation erreicht ist. Der neue Gleichgewichtspunkt kann nur zwischen R^0 und R^* liegen, d. h. $r_Ü$ muß gesenkt werden. In unserer Graphik beschreibt R^1 die neue Optimalsituation mit den „gleichgewichtigen" Grenzraten in T_1 und S_1. Wir verzeichnen im neuen Gleichgewicht einen leichten Anstieg des totalen Reservesatzes r um $\overline{R_0 R_1}$ und eine Senkung des Überschußreservesatzes um $\overline{R_1 R^*}$.

Der numerische Wert der Elastizität des Überschußreservesatzes in bezug auf Mindestreserveänderungen hängt von dem Ausgangsniveau der Reserveanforderungen ab, wobei

$$E\,(r_Ü\,, r_M) < 0 \text{ bei niedrigem Niveau von } r_M$$

und

$$E\,(r_Ü\,, r_M) \rightarrow 0 \text{ bei hohem Niveau von } r_M\,.$$

Zum Abschluß können wir anhand unserer Graphik einige spezifische Entwicklungen des Überschußreservesatzes in der Schweiz im beobachteten Zeitraum verdeutlichen. Bis 1960 verzeichnen wir in der Schweiz eine extrem hohe Überschußquote (etwa um 6 %). Sie wird einmal durch den damals extrem niedrigen Mindestreservesatz von etwa 1.3 % erklärt, was in unserem Schaubild bedeutet, daß die Produktionsfunktion nahe dem Ursprung liegt. Zum anderen ist zu berücksichtigen, daß vor Einführung der Konvertibilität und dem Ausbau des Euromarktes die Banken relativ hohe Transaktions- und Informationskosten für die Umwandlung von Krediten in Bargeld zu zahlen haben, die Grenzproduktivität der Kassenhaltung bis zu Beginn der 60er Jahre also hoch ist, während die Opportunitätskosten gleichzeitig bei einem damals herrschenden Kapitalmarktzins von etwa 3 % niedrig angesetzt werden müssen. Der enorme Anstieg des Mindestreservesatzes 1961 auf ungefähr 4.5 % verschiebt die Produktionsfunktion in der Graphik nach rechts, was zu einem drastischen Einbruch der Überschußreserven führen muß. Tatsächlich sinkt die Überschußquote damals fast um die Hälfte.

Die abnehmende Tendenz der Überschußquote Ende der sechziger Jahre kann auf die Entwicklung der Kapitalmärkte (insbesondere des Euromarktes) zurückgeführt werden, die einerseits die Transaktions- und Informationskosten und damit die Ersparnis der Reservehaltung senkt, andererseits mit steigendem Zinsniveau die Opportunitätskosten erhöht. Die Produktions- und Kostenfunktion in Abb. 1 bewegen sich scherenartig aufeinander zu, so daß die Nettoerträge sinken und Überschußreserven abgebaut werden.

3.2 *Refinanzierungsverhalten*

Die Verschuldung der Geschäftsbanken bei der SNB wird bestimmt als

(10) $$RF = b \cdot D$$

mit

(10.1) $$b = b\,(i_K - \delta, i_{EU} + w - i_K, MR)\ .$$

Die Vorzeichen der Elastizitäten der Refinanzierungsquote sind positiv und damit denen des Überschußreservesatzes entgegengesetzt.

Mit steigenden inländischen Nettoerträgen $i_K - \delta$ erhöht sich die Bereitschaft der Banken, bei der Nationalbank Wechsel diskontieren und lombardfähige Papiere kreditieren zu lassen.

Falls die ausländischen Nettoerträge unter Berücksichtigung des Termin- und Kassakurses die inländischen um einen Minimumbetrag übersteigen, sind die Banken zusätzlich bereit, sich bei der Nationalbank zu verschulden und Überschußreserven abzubauen, um Nettoanlagen im Ausland finanzieren zu können.

Eine Erhöhung der Mindestreserveanforderungen *MR* wird die Banken veranlassen, fehlende Reserven vermehrt über Nationalbankkredite aufzufüllen. Grundsätzlich ist die Nationalbank von Gesetzes wegen befugt, Kreditrestriktionen, die die Art des Wechselmaterials betreffen, vorzunehmen und darüber hinaus direkte Limitierungen zu vereinbaren. Diese Einschränkungen, sofern sie greifen[26], wirken in (10.1) auf die Zinselastizitäten der Refinanzierungsquote, die im Extremfall gegen Null konvergieren.

3.3 *Nettoauslandsnachfrage und „Übrige Verpflichtungen"*

Unsere letzten Bankparameter betreffen den gewünschten Nettoauslandsstatus

(11) $$NGAB_A = GAB_A - PB_A = f \cdot D$$

und die übrigen Verpflichtungen

(12) $$OL = o \cdot D\ .$$

Im Gegensatz zu der Nettoauslandskreditquote f haben wir für den Proportionalitätsfaktor o keine explizite Verhaltensfunktion vorgesehen. Die Höhe dieser Variablen wird im Gesamtmodell als Restgröße bestimmt (vgl. auch S. 22).

---

[26] In der Vergangenheit sind die von der SNB gesetzten Kreditlimits nie ausgeschöpft worden.

Für die Nettoauslandskreditquote gilt

$$f = f\,(i_K, i_{EU} + w - i_K, i_{EU} - \delta, w, MR) \;, \tag{11.1}$$

wobei

$$E\,(f, i_K), E\,(f, MR) < 0; E\,(f, i_{EU} + w - i_K), E\,(f, i_{EU} - \delta), E\,(f, w) > 0 \;.$$

Um den Einfluß insbesondere der Zinsargumente genau zu untersuchen, spalten wir f weiter auf in

$$f_1 = \frac{GAB_A}{D} = f_1\,(i_K, i_{EU} + w - i_K, MR) \tag{11.2}$$

und

$$f_2 = \frac{PB_A}{D} = f_2\,(i_{EU} - \delta, w) \;. \tag{11.3}$$

Mit steigenden Alternativkosten i_K senken die Banken ihre Nachfrage nach Auslandsaktiva zugunsten inländischer Anlagen: f_1 und damit f sinkt. Auf eine Erhöhung der Zinsarbitrage $i_{EU} + w - i_K$ über einen Minimumfaktor hinaus reagieren die Banken mit f über f_1 positiv. Verstärkte Mindestreserveanforderungen aktivieren die Neigung, Auslandsgelder zu repatriieren: f_1 und f sinken tendenziell. Die Differenz $i_{EU} - \delta$ beeinflußt die Substitutionsbeziehung zwischen Auslandsverschuldung und Kreditaufnahme bei der Nationalbank. Eine Vergrößerung dieser Nettorate steigert f über eine Verringerung von f_2. Wenn schließlich die Zuwachsrate des Terminkurses in der Schweiz größer ist als die des Kassakurses, d. h. die Absicherung gegen den Verlust einer Abwertung der Auslandswährung in Form des Swapsatzes w sich erhöht, erhöhen die Banken ihre Auslandsverschuldung: f sinkt mit steigendem f_2. Die Vorzeichen der Elastizitäten kehren sich allerdings um, da der Swapsatz in der Schweiz im beobachteten Zeitraum negativ ist. Zu beachten ist auch, daß die angegebenen Vorzeichen der Elastizitäten für f nur gelten, wenn die Auslandsaktiva die -passiva übersteigen, d. h. $f > 0$ ist. Wenn $f < 0$ ist, haben die Elastizitäten jeweils das umgekehrte Vorzeichen.

3.4 Angebotsverhalten

Während wir das Nachfrageverhalten der Banken durch die optimale Allokation der verzinsten und unverzinsten Aktiva gegenüber dem Kreditmarkt charakterisiert haben, führen wir das Angebotsverhalten der Banken über „price-setting"-Funktionen in die Hypothese ein (vgl. S. 21 f.). Die Banken legen die Zinskonditionen fest, zu denen sie bereit sind, verschiedene Verbindlichkeiten anzubieten. Das Publikum verhält sich als „price-taker" oder Mengenanpasser. In unserem Modell unterscheiden wir Erträge auf in- und ausländische Zeiteinlagen i_Z und auf

Spardepositen einschließlich Kassenobligationen i_S. Die Erträge sind Komposita aus verschiedenen Zinssätzen, die auch Dienstleistungen der Banken einschließen können. Die beiden Angebotsfunktionen sind wie folgt spezifiziert:

(13) $$i_Z = i_Z\,(i_K\,,\,i_{EU}\,,\,\sigma)$$

(14) $$i_S = i_S\,(i_K\,,\,i_{EU}\,,\,\sigma)$$

Die Ertragsraten werden positiv determiniert von dem inländischen Kapitalmarktzins, der Eurorendite und einem Parameter σ, der die Verteilung der Depositenhöhen beschreibt, da in der Schweiz die Passivzinsen u. a. nach der Höhe der Einlage festgelegt werden.

Mit steigendem Euromarktzins i_{EU} werden die Banken insbesondere den Terminzins i_Z heraufsetzen, um über günstigere Zinskonditionen den Zufluß von Zeiteinlagen zu fördern, die die Hauptfinanzierungsquelle für die Euroanlagen des schweizerischen Bankensystems darstellen. Ähnlich verhält es sich bei einer Erhöhung des inländischen Kapitalmarktzinses, wenn die Banken versuchen, ihr inländisches Kreditvolumen über eine Expansion der Depositen via Heraufsetzung der Habenzinsen auszudehnen.

Die Elastizitäten des Spareinlagenzins i_S in bezug auf seine Argumente werden gegenüber den Elastizitäten der Zeiteinlagenverzinsung insgesamt niedriger erwartet.

3.5 Auslandsgelderbeschränkung Kreditplafondierung und Bankverhalten

An politischen Variablen haben wir bisher nur den Einfluß von Refinanzierungs- und Mindestreserverestriktionen auf das Nachfrageverhalten der Banken diskutiert. Im beobachteten Zeitraum hat die SNB aber versucht, den Banken weitere „constraints" aufzuerlegen in Form von Maßnahmen gegen den Zustrom von Auslandsgeldern und in Form direkter Zuwachsbegrenzungen für inländische Kredite.

Die Maßnahmen gegenüber Auslandsgeldern *MA*, die in den Jahren 1960 II - 1964 I als Gentlemen's Agreement und 1964 II - 1967 I als allgemein verbindlicher Beschluß des Bundesrates in unterschiedlicher Höhe wirksam waren, versuchten in negativer Richtung das „hot-money", die Sichtguthaben von Ausländern in sFr und darüber hinaus auch die ausländischen Termineinlagen, abzuschrecken. In positiver Richtung wurde angestrebt, die Auslandsgelder auf eine Wiederanlage in ausländische gewinnbringende Aktiva und auf eine Erhöhung der Kassenbestände zu lenken[27]. Die Vorschriften reichten über das Verzin-

[27] Vgl. *Tuchtfeldt* (1968 a), S. 453 f.

sungsverbot „neuer“ ausländischer Frankendepositen bis hin zu Pflichtdepots bei der *SNB*[28] (1964 II - 1966 IV), wobei ausgenommen oder nur begrenzt einbezogen in die Maßnahmen einströmende Gelder waren, die wieder ins Ausland transferiert wurden.

Im Zeitabschnitt 1962 II bis 1966 IV und ab 1969 III legte die SNB Zuwachsbegrenzungen für inländische Kredite fest, die zunächst auf „Agreement“-Ebene (1962 II - 1964 I), später durch Bundesbeschlüsse abgesichert waren. Betroffen von den Maßnahmen waren inländische Debitoren, Vorschüsse an öffentlich-rechtliche Körperschaften, Wechsel und inländische Hypothekaranlagen, die Ende 1969 etwa 90 % der totalen inländischen gewinnbringenden Aktiva GA_I ausmachten. Nicht einbezogen war der Teil der „earning assets“, der in der Hauptsache aus inländischen Wertschriften und dauernden Beteiligungen besteht. Von 1962 - 1967 vereinbarte man für einzelne Kreditarten verschiedene Zuwachsquoten, wobei die Wahl der Basisperiode den Banken freigestellt wurde. Von September 1969 an ging man zur Globalplafondierung über und führte anstelle des bisher gültigen Domizilprinzips das Verwendungsprinzip ein. Für die Kreditzuwachsbegrenzung ist nun nicht mehr der Wohnsitz des Schuldners, sondern der Verwendungsort des Kredites maßgebend.

Die Maßnahmen zur Kompensation von Zuflüssen ausländischer Gelder durch Neuanlagen im Ausland beeinflussen sowohl die Banknachfrage als auch das -angebot, während die Kreditlimitierung im wesentlichen nur die Banknachfrage beeinträchtigt.

Die Wirkung der Auslandsgelderbeschränkungen auf die Banknachfrage vollzieht sich zunächst über eine Erhöhung der Nettoauslandsnachfragequote f bei einer Steigerung von f_1 und einer Senkung von f_2. Weiter wird eine wirksame Abwehr von Auslandsgeldern die Banken veranlassen, den Gegenwert ihrer Auslandsguthaben zunehmend in Kasse zu halten und eventuell die Verschuldung bei der Nationalbank relativ zur Auslandsverschuldung zu vergrößern. Die beiden letzten Effekte sind vermutlich quantitativ nicht sehr bedeutend und gleichen sich in der Tendenz aus, so daß der positive Einfluß auf die Summe der Nachfrageparameter $c = r + l - b + f$ von f dominiert wird. In der empirischen Analyse muß sich die Wirkung der Auslandsgelderbeschränkung auf die Banknachfrage in der Eigenschaft der Schätzfunktion von f ausdrücken. In den restriktiven Perioden müssen sich, falls die Politik wirksam war, positive unerklärte Reste häufen.

Das Angebotsverhalten der Banken wird durch die Verzinsungsverbote ausländischer Einlagen berührt. Insbesondere der Zeiteinla-

[28] Die Pflichtdepots, die im März 1966 mit 28 Mill. ein Maximum erreichten, haben wir als mindestreservepolitische Maßnahme (Erhöhung von *ZB*, vgl. S. 13 f.) in unserer Hypothese bereits berücksichtigt.

genzins i_Z in (13) als Kompositum der Rendite auf in- und ausländische Termindepositen wird sich signifikant nach unten verschieben.

Zuwachsbegrenzungen der inländischen Kredite, sofern sie durchschlagen, veranlassen die Banken, auf den Auslandsmarkt auszuweichen, f_1 und damit f nimmt zu. Gleichzeitig schränken die Banken ihre Refinanzierung ein und dehnen ihre Reserven tendenziell aus, wenn ihre gewünschte Nachfrage nach inländischen „earning assets" nicht befriedigt wird. Die Banknachfrage $c = r + l - b + f$ steigt insgesamt, und die Schätzfunktionen müssen zunehmend positive „residuals" aufweisen. Nicht berücksichtigt bei dieser Betrachtung haben wir bisher die Möglichkeit, daß die Banken bei Kreditlimitierungen verstärkt Aktien und andere Wertpapiere kaufen, so daß sich lediglich die Zusammensetzung der inländischen gewinnbringenden Aktiva GA_I ändert, und die übrigen Bankparameter $r + l$, b und f unberührt bleiben, wenn wir einmal von möglichen Zinseffekten absehen. Der Substitutionseffekt innerhalb des „earning-asset portfolio", der in der Kreditplafondierungsdiskussion meist völlig übersehen wird, ist also eventuell geeignet, derartige kreditpolitische Maßnahmen von vornherein zur Wirkungslosigkeit zu verurteilen.

4. Publikumsverhalten

Das in- und ausländische Publikum fragt beim schweizerischen Bankensystem folgende Finanzaktiva nach: Basisgeld *BP*, gesamte Sichteinlagen *DD*, inländische Sichteinlagen DD_I, Zeiteinlagen *Z* und Spareinlagen *S*.

Die optimale Aufteilung dieser Aktiva bestimmen wir über vier Verhaltenskoeffizienten k, d, z und s, wobei wir die gesamten Sichteinlagen *DD* als Skalierungsfaktor wählen.

Neben diesen vier Nachfragefunktionen formulieren wir eine Angebotsfunktion des Publikums an inländischen gewinnbringenden Aktiva GA_I auf dem Schweizer Kapitalmarkt.

4.1 Basisgeldnachfrage

Wie einleitend (S. 11) hingewiesen, beschränken wir aus erhebungstechnischen Gründen die Basisgeldnachfrage des Publikums auf die Nachfrage nach Schweizer Banknoten *NP* und täglich fälligen Verbindlichkeiten *TVH* bei der *SNB*, wobei der Münzumlauf beim Publikum unberücksichtigt bleibt. Die Publikumsnachfrage nach Basisgeld ist proportional den Sichteinlagen mit dem Proportionalitätsfaktor k

$$BP = k\,DD\,. \tag{15}$$

Der Kassenhaltungskoeffizient k wird als Funktion folgender Argumente angesetzt:

$$k = k\left(i_Z, i_S, i_{EU}, i_K, \frac{Y}{p}\right) \tag{15.1}$$

wobei

$\frac{Y}{p}$ = reales Volkseinkommen mit p als Einkommensdeflator

i_Z = Zinssatz für Zeitdepositen

i_S = Sparzins.

Gegenüber anderen Geldangebotsmodellen[29] erscheint in unserer Schweizer Basisgeldnachfragefunktion explizit ein Zinsvektor $i = i_Z, i_S, i_{EU}, i_K$ als verursachende Variable; wobei — abgesehen von dem für das Modell ohnehin exogen auf dem Auslandsmarkt bestimmten Eurozins i_{EU} — allein die Höhe des inländischen Kapitalmarktzinses i_K durch das freie Zusammenspiel von Angebot und Nachfrage erklärt wird (vgl. S. 24), da das Publikum sich gegenüber den übrigen Zinssätzen als „price-taker" verhält (vgl. S. 29). Die explizite Hereinnahme des Zinsniveaus resultiert aus den spezifischen Schweizer Verhältnissen, wo Sichteinlagen praktisch nur von zinsbewußten Unternehmern als Transaktionskasse gehalten werden, während der Zahlungsverkehr mit Arbeitern und Angestellten einschließlich der Lohnzahlungen im wesentlichen in Bargeld getätigt wird. Eine Erhöhung der Alternativkosten in Form der Zinssätze veranlaßt die Unternehmer in stärkerem Maße, unverzinste Sichteinlagen in zinstragende Aktiva umzuwandeln, als dies im Portefeuille der Lohnempfänger zwischen Bargeld und anderen Aktiva der Fall ist. Die geringere negative Zinselastizität der Bargeldnachfrage der Lohnabhängigen im Vergleich zu den Sichtdepositen der Unternehmer wird einsichtig, wenn man bedenkt, daß Arbeiter und Angestellte infolge niedrigerer individueller Einkommen und geringerer Sparquoten einerseits über weniger Anlagemittel verfügen[30], andererseits höhere Informationskosten bei Änderungen der Zinsstruktur zu tragen haben. Aus diesen Überlegungen folgt eine leicht positive Zinsreagibilität des Kassenhaltungskoeffizienten:

$$E(k, i) = E(BP, i) - E(DD, i) > 0 \text{ für } - E(BP, i) < - E(DD, i) .$$

Für die Elastizität in Bezug auf das Volkseinkommen postulieren wir ein negatives Vorzeichen, da wir die Transaktionskasse der Un-

29 Z. B. *Brunner-Meltzer* (1968) für die USA.

30 Die Einlagenzinsen werden je nach der Höhe der Einlage festgesetzt (vgl. S. 30).

ternehmer einkommenselastischer erwarten als die Bargeldhaltung der Lohnabhängigen:

$$E\left(k, \frac{Y}{p}\right) = E\left(BP, \frac{Y}{p}\right) - E\left(DD, \frac{Y}{p}\right) < 0 \ .$$

Das entspricht auch den Schätzresultaten von *Schelbert* (1967), wo im Zeitraum 1947 - 1963 in der Schweiz für die Noten eine geringere positive Einkommenselastizität als für die Sichteinlagen ausgewiesen wird[31].

4.2 Inländische Sichteinlagen

Die Nachfrage nach inländischen Sichtdepositen im Verhältnis zu den gesamten in- und ausländischen Sichteinlagen in der Schweiz

(16) $$DD_I = d\, DD$$

hat im beobachteten Zeitraum laufend relativ an Bedeutung verloren. Betrug die inländische Sichtdepositenquote d Mitte 1960 noch 66 %, sank sie bis Mitte 1970 auf 47 % ab (s. Abb. 2, Anhang I). Ein hohes Gewicht kommt also den Einlagen vom Ausland zu, die aus Ertragsgründen häufig in Fremdwährungen festgelegt werden, um den Banken die Wiederanlage im Ausland zu erleichtern.

Der Verhaltensparameter d hängt von folgenden Variablen ab

(16.1)
$$d = d\,(i, w, KLB)$$
$$i = i_K, i_{EU}, i_Z, i_S$$
w = Swapsatz als Maß für erwartete Wechselkursänderungen

$KLB = \int (EX - IM)\, dt$ = kumulierte Leistungsbilanzsalden.

Mit steigendem Zinsvektor i werden die Sichtdepositen DD_I, die vorwiegend von inländischen Unternehmern gehalten werden, relativ stärker abnehmen als die Giroeinlagen von Ausländern ($DD_A = DD - DD_I$), die häufig nur aus Kursspekulationsüberlegungen nachgefragt werden, so daß

$$E\,(d, i) < 0 \ .$$

Wenn der Swapsatz (sFr/$) als Maß für erwartete Wechselkursänderungen sinkt, wird das ausländische Publikum verstärkt unterbewertete Frankendepositen nachfragen und d nimmt ab. Allerdings gilt für das Vorzeichen der Elastizität wiederum

$$E\,(d, w) < 0, \text{ da } w < 0 \ .$$

[31] *Schelbert* (1967), S. 135 ff.

Ein Anstieg des kumulierten Leistungsbilanzsaldos aufgrund von Exportüberschüssen erhöht den Bedarf ausländischer Transaktionskasse im Inland, d sinkt

$$E(d, KLB) < 0 \ .$$

4.3 Zeiteinlagen

Für die in- und ausländischen Kreditoren auf Zeit gilt folgender Funktionalzusammenhang

(17) $$Z = z\,DD$$

und

(17.1) $$z = z\left(i, \frac{Y}{p}\right) .$$

Die Elastizitäten des Zeiteinlagenkoeffizienten z werden sämtlich als positiv angenommen.

Eine Erhöhung des Zinssatzes i_Z für Termindepositen führt unmittelbar zu einem Übergang von Sicht- auf Zeiteinlagen und damit zu einer Steigerung von z. Eine Vergrößerung der Erträge anderer Finanzaktiva als Termineinlagen erhöht den Koeffizienten z ebenfalls, wenn wir annehmen, daß die Substitution zwischen übrigen Aktiva und Zeitdepositen kleiner ist als die Substitution zwischen übrigen Aktiva und Sichteinlagen. Bei dieser Art der Betrachtung haben wir noch nicht berücksichtigt, daß z. B. eine Erhöhung des Eurozinses über das Angebotsverhalten der Banken gleichzeitig eine Steigerung des Termineinlagezinses bewirkt (vgl. S. 30), was in unserem Falle den positiven Effekt auf den Zeiteinlagenkoeffizienten verstärkt.

Die Anpassung an die Volkseinkommensänderung scheint in der Schweiz sehr elastisch. Untersuchungen für den Zeitraum 1947 - 1963 zeigen[32], daß die relative Zunahme der Zeiteinlagen bei Erhöhungen des Nettosozialprodukts rund doppelt so groß war wie die relative Zunahme der Sichteinlagen.

4.4 Spareinlagen

Die gewünschte Höhe an Spareinlagen, zu denen wir in der Schweiz auch Depositen- und Einlagehefte und Kassenobligationen und -scheine zählen, erhalten wir als

(18) $$S = s\,DD$$

[32] *Schelbert* (1967), S. 172.

mit

$$s = s\left(i, \frac{Y}{p}\right). \tag{18.1}$$

Die quantitative Bedeutung der Spareinlagen in unserer Hypothese wird anschaulich, wenn wir berücksichtigen, daß die Spareinlagen die Sichtdepositen etwa um das Doppelte übersteigen[33].

Die Spareinlagen werden überwiegend von relativ kleinen, wenig informierten Depositenhaltern nachgefragt und reagieren deshalb auf Zinsbewegungen kaum elastisch, während die Sichtdepositen mit steigendem Zinsniveau abnehmen, so daß

$$E(s, i) > 0 .$$

Andererseits vermuten wir eine starke negative Abhängigkeit der Spareinlagenquote von Änderungen der einkommensmäßigen Nachfrage im Konjunkturverlauf.

$$E\left(s, \frac{Y}{p}\right) < 0 .$$

In Boomphasen verringert sich die Nachfrage nach Spareinlagen *S* bei gleichzeitiger Ausdehnung der Transaktionskasse *DD*. In Phasen konjunkturellen Niedergangs haben wir die umgekehrte Situation.

4.5 Angebot inländischer gewinnbringender Aktiva

Die Beschreibung des Publikumsverhaltens schließen wir mit der Diskussion einer Angebotsfunktion des inländischen Nichtbankensektors an „earning assets" ab:

$$GA_I = g\left(i_I, i_{EU}, w, p_I, p_A, \frac{Y}{p}, I\right) \tag{19}$$

$i_I = i_K, i_Z, i_S$ = inländischer Zinsvektor

p_I = inländisches Preisniveau (Konsumentenpreisindex)

p_A = ausländisches Preisniveau

I = inländische Nettoinvestitionen

Mit steigendem inländischen Zinsvektor und ausländischen Preisniveau nimmt das Angebot an gewinnbringenden Aktiva im Inland ab, während bei einer Erhöhung der Zinsen im Ausland und der Preise im Inland das inländische Angebot zu Lasten des Angebots an das Ausland zunimmt.

---

[33] Die Schweiz hat die höchsten Pro-Kopf-Spareinlagen der Welt; vgl. *Tuchtfeldt* (1968 a), S. 440, Anmerkung 3.

Bei einer Ausdehnung des Investitionsbedarfs und steigendem Volkseinkommen wird das Angebot an „earning assets" (Nachfrage nach Krediten) als Mittel zur Investitionsfinanzierung ebenfalls ansteigen.

5. Das inländische Geldangebot

Die Allokationsentscheidungen von Banken und Publikum, die wir als Reaktionen auf in- und ausländische Zinssätze und Preise, politische Regelungen der Nationalbank und andere Variablen gekennzeichnet haben, determinieren den Gleichgewichtsbestand der Geldmenge, deren Definitionsgleichung unser Modell vervollständigt.

In einer konsolidierten Bilanz des gesamten schweizerischen Bankensystems einschließlich Nationalbank (Tab. 8, Anhang I) grenzen wir auf der Passivseite das inländische Geldangebot ab als Summe der von der Nationalbank an das Publikum ausgegebenen Noten und Girorechnungen BP und der inländischen Sichtverbindlichkeiten DD_I der Geschäftsbanken und des Postschecks gegenüber dem inländischen Publikum.

$$M = BP + DD_I \; . \tag{20}$$

Diese Geldmengendefinition stellt selbstverständlich nicht die einzig zulässige dar[34]. Erweiterte Definitionen, die die Zeit- und vielleicht sogar die Spareinlagen einbeziehen, können ebenfalls analytisch sinnvoll sein. Im letzten Fall wäre auf die postulierte unterschiedlich hohe Zinsreagibilität von Zeit- und Spareinlagen zu achten. Wir wollen uns im Rahmen dieser Arbeit nur auf die enge Definition (20) beschränken.

6. Die Multiplikatoren

Das Geldangebot M kann als Produkt der bereinigten Basis B_a und eines Geldmultiplikators m aufgefaßt werden:

$$M = mB_a \; . \tag{21}$$

Unter Verwendung der Gleichungen (5), (6.1), (7), (8.2), (10), (15) - (18) und (20) erhalten wir für den Geldangebotsmultiplikator m den Ausdruck

[34] In der traditionellen Literatur wird Definition (20) häufig a priori im Hinblick auf die mechanischen Aspekte des Zahlungsprozesses begründet. Diese a-priori-Abgrenzung übersieht, daß zunächst entscheidend für die Definition der Geldmenge ihre analytische Verwendungsmöglichkeit in einem ökonomischen Erklärungszusammenhang ist.

(22) $$m = \frac{M}{DD} m_d = (d + k) m_d ,$$

wobei

(23) $$m_d = \frac{DD}{B_a} = \frac{1}{(r + l - b + f)(1 + z + s) + k}$$

den Sichtdepositenmultiplikator bezeichnet.

Aus der Bilanzidentität für das gesamte schweizerische Bankensystem in Tab. 8 (Anhang I) folgt für die inländischen gewinnbringenden Aktiva

$$GA_I = - PB_A + BP + DD + Z + S + OL - B_a + L \ .$$

Bilden wir die gewinnbringenden Aktiva entsprechend der Geldmenge unter zusätzlicher Berücksichtigung der Gleichungen (11.2) und (12) auf die Geldbasis ab, erhalten wir die *Nachfrage* der Banken nach inländischen „earning assets"

(24) $$GA_I = a\, B_a$$

mit dem Kreditmultiplikator

(25) $$a = \frac{GA_I}{DD} m_d$$

für

(26) $$\frac{GA_I}{DD} = [1 - (r - b + f_1 - o)] (1 + z + s) \ .$$

Die Multiplikatoren fassen die Reaktionen von Geschäftsbanken und Publikum auf Geldangebotsimpulse zusammen.

Das System der Definitionen impliziert keine Abgrenzungen für die numerischen Werte der Multiplikatoren und ihre Koeffizienten, wenn davon abgesehen wird, daß alle positiv sind bis auf f, das sowohl positiv als auch negativ sein kann, und l, das immer negativ ist. Die Beobachtungen zeigen jedoch, daß alle Multiplikatoren größer als 1 sind und weiter, daß

$$m < a \ .$$

Aus (22), (23), (25) und (26) ist leicht einzusehen, daß die Elastizitäten des Geld- und Kreditmultiplikators in bezug auf die Reservesätze, die Auslandskreditquote f_1[35] und den Kassenhaltungskoeffizienten k negativ, in bezug auf die Refinanzierungsquote b dagegen positiv sind, wobei

[35] Wir erinnern, daß aufgrund von (11), (11.1) und (11.2) $f = f_1 - f_2$.

die Kreditmultiplikatorelastizitäten jeweils absolut größer als die entsprechenden Geldmultiplikatorelastizitäten ausfallen, da

$$E(a, x) = E(m, x) \frac{1 + a}{a} \quad \text{mit } x = r, r_U, r_M, b, f_1$$

und

$$E(a, k) = E(m, k) \frac{m}{m - 1} \; .$$

In bezug auf den „freigesetzten" Reservesatz l und die relative Auslandsverschuldung f_2 sind Geld- und Kreditmultiplikatorelastizitäten identisch und positiv.

Erhöhungen der Depositenkoeffizienten z und s vergrößern den Kreditmultiplikator, während sie den Geldangebotsmultiplikator senken, wobei

$$-E(m, z) < -E(m, s) \text{ und } E(a, z) < E(a, s) \; ,$$

da $z < s$ (aufgrund empirischer Boabachtungen).

Weiter gilt: $E(a, z)$, $E(a, s) < -E(a, k)$.

Der Änderungseffekt der Nettoauslandskreditquote f auf den Geldmultiplikator m ist nur dann positiv, wenn die Auslandsverpflichtungen die Auslandsforderungen übersteigen. Das ist seit 1966 nicht mehr der Fall gewesen.

Schließlich sind die Auswirkungen der inländischen Sichtdepositenquote d auf den Geldmultiplikator und des Restkoeffizienten o auf den Kreditmultiplikator beide positiv.

Ein Blick auf die numerischen Werte der Elastizitäten des Geldmultiplikators in bezug auf seine approximativen Determinanten, wie sie in Tab. 15 (Anhang I) aufgeführt sind, zeigt, daß im Durchschnitt der letzten 11 Jahre relative Änderungen der Refinanzierungsquote b und Nettoauslandskreditquote f nur einen verschwindenden Einfluß auf den Geldmultiplikator hatten (.02 bzw. $-$ .03). Auswirkungen relativer Änderungen der Banknachfrage $c = r + l - b + f$ in Höhe von $-$ .33 werden praktisch vollkommen durch das Reserveverhalten $r + l$ ($-$ .32) erklärt. Bei den Publikumsparametern weist die inländische Sichtdepositenquote d mit .62 die weitaus höchste Multiplikatorelastizität aus.

III. Lösungen des Gleichungssystems und komparativ-statische Betrachtungen

1. Semireduzierte Form des Modells

Das Modell kann in zwei semireduzierte Gleichungen für den Geld- und Kreditmarkt überführt werden.

Geldmarkt:

$$M = m\,(i_K\,, e_1\,, KLB, \pi)\; B_a \tag{27}$$

Kreditmarkt:

$$g\,(i_K\,, e_1\,, e_2) = a\,(i_K\,, e_1\,, \pi)\; B_a \tag{28}$$

exogene Variablen	politische Variablen
$e_1 = i_{EU}, w, \sigma, \dfrac{Y}{p}$;	$\pi = \delta, r_{KV}\,, ZB$;
$e_2 = p_I, p_A, I$;	B_a
KLB	

2. Gleichgewichtslösungen für Kapitalmarktzins inländische Geldmenge und Kreditvolumen

Der Kreditmarkt ist im Gleichgewicht, wenn das Angebot des inländischen Publikums an gewinnbringenden Aktiva in Gleichung (19) der gewünschten Banknachfrage in (24) entspricht. Das Gleichgewicht spielt sich über die Obligationenrendite i_K ein, mit deren Lösung auch simultan die gleichgewichtige Geldmenge in (27) bestimmt ist. Gehen wir davon aus, daß das „Assetangebot“ des Publikums GA_I und der Kreditmultiplikator a sich logarithmisch linear in bezug auf ihre Argumente verhalten, ergibt sich aus (28) die Lösung für i_K als

$$\begin{aligned} ln\, i_K = q_0 \{ & \sum_{e_1} [E\,(g, e_1) - E\,(a, e_1)]\; ln\, e_1 \\ & + \sum_{e_2} E\,(g, e_2)\; ln\, e_2 - \sum_{\pi} E\,(a, \pi)\; ln\, \pi - ln\, B_a \end{aligned} \tag{29}$$

für

$$q_0 = \frac{1}{E(a, i_K) - E(g, i_K)} ,$$

wobei wir die Elastizitäten durch Konstante approximiert haben.

Ähnlich der Ableitung des gleichgewichtigen i_K logarithmieren wir jeweils die rechte Seite von Gleichung (27) und (28). Setzen wir die Lösung für ln i_K aus (29) ein, erhalten wir die Gleichgewichtslösungen für M und GA_I:

$$(30) \quad ln\, M = (1 - q_1)\, ln\, B_a + \sum_{e_1} \{q_1 [E(g, e_1) - E(a, e_1)] + E(m, e_1)\}\, ln\, e_1 + E(m, KLB)\, ln\, KLB + \sum_{e_2} q_1\, E(g, e_2)\, ln\, e_2 + \sum_{\pi} [E(m, \pi) - q_1\, E(a, \pi)]\, ln\, \pi$$

$$(31) \quad ln\, GA_I = (1 - q_2)\, ln\, B_a + \sum_{e_1} \{q_2\, E(g, e_1) + (1 - q_2)\, E(a, e_1)\}\, ln\, e_1 + \sum_{\pi} (1 - q_2)\, E(a, \pi)\, ln\, \pi + q_2 \sum_{e_2} E(g, e_2)\, ln\, e_2$$

wobei

$$q_1 = E(m, i_K)\, q_0$$

$$q_2 = E(a, i_K)\, q_0 .$$

Aus den Gleichgewichtslösungen (29), (30), (31) können wir den Einfluß der politischen und exogenen Variablen auf den Kapitalmarktzins, die Geldmenge und das Kreditvolumen in einer komparativ-statischen Betrachtung in Form von Elastizitäten ableiten. Die Richtung der Änderungseffekte, d. h. die Vorzeichen der Elastizitäten legen wir über „order constraints" fest.

3. Multiplikatorelastizitäten in bezug auf den Kapitalmarktzins

Beginnen wir zunächst mit der Bestimmung der Vorzeichen der Faktoren q_0, q_1 und q_2 in (29) - (31), die durch die Richtung der Elastizitäten $E(g, i_K)$, $E(a, i_K)$ und $E(m, i_K)$ determiniert werden. Während wir die Elastizität des „Asset"angebots des inländischen Publikums in bezug auf die Obligationenrendite $E(g, i_K)$ bereits negativ postuliert haben, sind die Vorzeichen der Multiplikatorelastizitäten $E(m, i_K)$ und $E(a, i_K)$

noch nicht eindeutig bestimmt. Der Kapitalmarktzins beeinflußt den Geld- und Kreditmultiplikator über die Verhaltensreaktionen von Banken und Publikum, die sich in Änderungen der Multiplikatorkomponenten $r_{\ddot{U}}, b, f_1, k, d, z$ und s niederschlagen.

Die Zinselastizitäten von m und a sind dann durch die Summe folgender Elastizitäten gegeben, wobei für die Multiplikatorelastizitäten in bezug auf die approximativen Determinanten jeweils der in den Tab. 15 und 16 (Anhang I) errechnete Durchschnittswert $\bar{E}$ für die Jahre 1960 II - 1970 IV eingesetzt ist.

$$\text{(32)} \quad \begin{aligned} E(m, i_K) = {} & .62\, E(\overset{-}{d}, i_K) - .22\, E(\overset{-}{r_{\ddot{U}}}, i_K) \\ & + .02\, E(\overset{+}{b}, i_K) - 1.30\, E(\overset{-}{f_1}, i_K) \\ & - .28\, E(\overset{+}{k}, i_K) - .07\, E(\overset{+}{z}, i_K) \\ & - .17\, E(\overset{+}{s}, i_K) \end{aligned}$$

$$\text{(33)} \quad \begin{aligned} E(a, i_K) = {} & - .26\, E(\overset{+}{r_{\ddot{U}}}, i_K) + .02\, E(\overset{+}{b}, i_K) \\ & - 1.54\, E(\overset{-}{f_1}, i_K) - .67\, E(\overset{+}{k}, i_K) \\ & + .12\, E(\overset{+}{z}, i_K) + .34\, E(\overset{+}{s}, i_K) \end{aligned}$$

Über den Zinselastizitäten der Verhaltensparameter haben wir jeweils das erwartete Vorzeichen spezifiziert.

Der Effekt einer Zinsänderung auf den Kreditmultiplikator a kann dann relativ einfach bestimmt werden. Die Elastizität $E(a, i_K)$ in (33) ist die Summe von fünf positiven und einem negativen Ausdruck.

Der negative Einfluß geht über den Kassenhaltungskoeffizienten k und ist wegen der relativ gering vermuteten Zinselastizität $E(k, i_K)$ insgesamt schwach, so daß unmittelbar folgt

$$E(a, i_K) > 0 \; .$$

Die Zinswirkung auf den Geldangebotsmultiplikator m ist etwas schwieriger festzulegen. Der positive Einfluß über die Bankparameter $r_{\ddot{U}}$, b und f_1 in (32) ist um den multiplikativen Faktor[1] $\frac{a}{1+a} = .85$ niedriger als beim Kreditmultiplikator. Der negative Effekt hat sich einer-

[1] Vgl. die Elastizitätsbeziehungen auf S. 39.

seits über k um den Faktor[1] $\frac{m-1}{m} = .42$ verringert, andererseits über d, z und s leicht verstärkt. Wenn wir bedenken, daß Zinsbewegungen die Aufteilung zwischen in- und ausländischen Sichtdepositen wenig verändern, für die Spardepositenquote s ohnehin eine geringe Zinselastizität vermutet wird und der Zeiteinlagenkoeffizient z zwar relativ zinselastisch ist, seine partielle Wirkung auf m mit .07 aber äußerst niedrig, dann können wir annehmen, daß der positive Effekt der Bankparameter in (32) dominiert. Insbesondere wird der positive Einfluß über die Auslandskreditquote f_1, die mit $-$ 1.30 weitaus die höchste Multiplikatorelastizität ausweist, zusammen mit dem Effekt über den Reservesatz r_V, der bei relativ niedrigem Zinsniveau und hoher Überschußliquidität in der Schweiz sehr zinsreagibel ist, durchschlagen. Insgesamt aber ist die Elastizität des Geldangebotsmultiplikators in bezug auf den Kapitalmarktzins wegen der diskutierten Größenordnung geringer als die entsprechende Elastizität für den Kreditmultiplikator, so daß

(34.1) $$E(a, i_K) > E(m, i_K) > 0 \ .$$

Letztes Resultat leuchtet unmittelbar ein, wenn man bedenkt, daß Kreuz-Preis-Elastizitäten im allgemeinen absolut geringer sind als direkte Preiselastizitäten.

Nehmen wir an, daß

$$E(\overset{+}{a}, i_K) - E(\overset{+}{g}, i_K) > 1 \ ,$$

dann erhalten wir

(34.2) $$0 < q_0 = \frac{1}{E(a, i_K) - E(g, i_K)} < 1$$

und aufgrund von (34.1)

(34.3) $$0 < q_1 = E(m, i_K)\, q_0 < q_2 = E(a, i_K)\, q_0 < 1 \ .$$

4. Änderungswirkungen ausgewählter Modellvariablen auf den Kapitalmarktzins

4.1 Einfluß der politischen Variablen Geldbasis Mindestreserven und Diskontsatz

Mit der Restriktion für q_0 ist auch der Zinseffekt einer Geldbasisänderung durch die Nationalbank festgelegt.

Aus (29) und (34.2) folgt

$$(35.1) \qquad -1 < E\,(i_K, B_a) = -\,q_0 < 0\ .$$

Eine Erhöhung (Senkung) der Geldbasis, z. B. über den Ankauf (Verkauf) von Offenmarktpapieren, senkt (erhöht) den Kapitalmarktzins. Allerdings ist die Elastizität absolut kleiner als 1. Induzierte Zinsbewegungen bleiben immer relativ hinter Basisänderungen zurück.

Mindestreservepolitische Maßnahmen $MR = r_{KV}, ZB$ beeinflussen den Kapitalmarktzins über den Kreditmultiplikator und die bereinigte Basis. Aus (29) erhalten wir

$$(35.2) \qquad E\,(i_K, MR) = -\,q_0\,[E\,(a, MR) + E\,(B_a, MR)]\ .$$

Nach einigen Umformungen kann gezeigt werden, daß die Summe der beiden Elastizitäten $E\,(B_a, MR)$ und $E\,(a, MR)$ kleiner als Null ist, sofern

$$\frac{\partial \overset{-}{r_U}}{\partial MR} + \frac{\partial \overset{-}{f_1}}{\partial MR} > -\left(\frac{\partial \overset{+}{r_M}}{\partial MR} + \frac{\partial \overset{+}{b}}{\partial MR}\right).$$

Selbst wenn wir annehmen, daß die Refinanzierungsquote b kaum auf Mindestreserveänderungen reagiert, wird die negative Summe der partiellen Ableitungen von r_U und f_1 die partielle Ableitung von r_M absolut nicht übersteigen können[2], so daß die Ungleichung oben erfüllt ist. Der Kapitalmarktzins in (35.2) muß dann bei einer Erhöhung der Mindestreserven steigen.

Die Diskontpolitik wirkt in (29) nur über den Kreditmultiplikator auf i_K

$$(35.3) \qquad E\,(i_K, \delta) = -\,q_0\,E\,(a, \delta)$$

mit

$$E\,(a, \delta) = -\,.26\,E\,(\overset{+}{r_U}, \delta) + .02\,E\,(\overset{-}{b}, \delta) + 1.27\,E\,(\overset{+}{f_2}, \delta)\ .$$

Da für unsere Betrachtungen durchweg die „hotelling-conditions" gelten sollen, d. h. direkte Preiselastizitäten größer als Kreuz-Preis-Elastizitäten angenommen werden, wird insbesondere die Alternativverschuldung im Ausland nur schwach auf Diskontsatzänderungen reagieren, so daß $E\,(a, \delta) < 0$ und $E\,(i_K, \delta) > 0$. Eine Heraufsetzung des Diskontsatzes erhöht in der Schweiz ceteris paribus das inländische Zinsniveau.

---

[2] Bei einer mindestreservepolitischen Maßnahme z. B. in Form einer Erhöhung des Pflichtreservesatzes ist $\frac{\partial r_M}{\partial r_{KV}} = h = .36$ (Durchschnitt über den gesamten beobachteten Zeitraum).

4.2 Einfluß der Auslandsgelderbeschränkungen und Kreditlimitierungen

Durchschlagende Maßnahmen gegen Auslandsgelder führen in erster Linie zu einer relativen Steigerung der Nettoauslandsnachfrage der Banken nach „earning assets"; speziell als Verzinsungsverbot ausländischer Einlagen wirksam, beeinflussen diese Beschränkungen über das „price-setting" Verhalten der Banken (vgl. S. 30) auch die Publikumsnachfrage insbesondere über den Parameter z für in- und ausländische Termineinlagen, der tendenziell sinkt. Sowohl Publikums- als auch Banknachfragereaktionen senken über den Kreditmultiplikator die inländische „Asset"nachfrage (Kreditangebot). Bei relativ unverändertem „Asset"angebot muß der Kapitalmarktzins steigen. Im empirischen Test muß dann die Schätzfunktion für den schweizerischen Kapitalmarktzins in Perioden restriktiver Auslandsmaßnahmen positive Muster zeigen, die nicht durch die angeführten Argumente in (29) erklärt werden können.

Von den Banken befolgte Kreditlimitierungen, solange sie nicht zu bedeutenden Umschichtungen innerhalb des „earning-asset portfolio" führen, senken ebenfalls die „Asset"nachfrage (Kreditangebot) der Banken und erhöhen wie die Auslandsgelderbeschränkung den Kapitalmarktzins. Falls die Banken lediglich einen Aktivtausch vornehmen, indem sie vermehrt inländische Wertschriften nachfragen, erfolgt eine Verschiebung in der Aktivzinsstruktur. Während die Kreditzinsen relativ steigen, sinkt tendenziell die Wertschriftenrendite.

4.3 Einfluß relativ exogener Variablen: Realeinkommen und Eurozins

Das Realeinkommen und der Euromarktzins wirken über das „Asset"-angebot des inländischen Publikums und den Kreditmultiplikator auf den Kapitalmarktzins:

$$(35.4) \qquad E\left(i_K, \frac{Y}{p}\right) = q_0 \left[\left(g, \overset{+}{\frac{Y}{p}}\right) - E\left(a, \frac{Y}{p}\right)\right]$$

$$(35.5) \qquad E(i_K, i_{EU}) = q_0 \left[E(g, \overset{+}{i_{EU}}) - E(a, i_{EU})\right]$$

Wenn wir in (35.4) annehmen, daß

$$E\left(a, \frac{Y}{p}\right) = -.67\, E\left(k, \overset{-}{\frac{Y}{p}}\right) + .12\, E\left(z, \overset{+}{\frac{Y}{p}}\right) + .34\, E\left(s, \overset{-}{\frac{Y}{p}}\right) > 0$$

gleichzeitig aber unterstellen, daß das Publikum mit steigender wirtschaftlicher Aktivität sehr stark sein „Asset"angebot vergrößern und die Spareinlagenquote senken wird, so daß der gemeinsame Effekt über g und s auf i_K den Einfluß über k und z dominiert, dann erhalten wir

$$E\left(i_K, \frac{Y}{p}\right) > 0 \; .$$

Die Kreditmultiplikatorelastizität in bezug auf die Eurorendite in (35.5) ist ähnlich determiniert wie die entsprechende Elastizität in bezug auf den inländischen Kapitalmarktzins in (33); nur daß der Zinseffekt über f_1 entgegengesetzt ist, und wir einen zusätzlichen negativen Einfluß über f_2 erhalten:

$$E(a, i_{EU}) = -\;.26\,E(r_U, \overset{-}{i_{EU}}) + .02\,E(b, \overset{+}{i_{EU}}) - 1.54\,E(f_1, \overset{+}{i_{EU}})$$

$$+ 1.27\,E(f_2, \overset{-}{i_{EU}}) - .67\,E(k, \overset{+}{i_{EU}}) + .12\,E(z, \overset{+}{i_{EU}})$$

$$+ \;.34\,E(s, \overset{+}{i_{EU}}) < 0 \; .$$

Insgesamt erwarten wir eine negative Multiplikatorelastizität, so daß in (35.5) $E(i_K, i_{EU}) > 0$.

5. Änderungswirkungen ausgewählter Modellvariablen auf Geldmenge und Kreditvolumen

Nachdem wir aufgrund ordinaler Einschränkungen in (29) die Wirkungsweise von Instrumentvariablen und exogenen Parametern auf den Kapitalmarktzins beschrieben haben, gilt es nun, die Änderungseffekte auf inländische Geldmenge und „Asset"volumen in (30) und (31) zu bestimmen.

5.1 Einfluß der politischen Variablen Geldbasis, Mindestreserven und Diskontsatz

Untersuchen wir wieder zuerst die Wirkung notenbankpolitischer Maßnahmen.

Eine expansive offenmarktpolitische Operation z. B. führt über eine Erhöhung der Geldbasis in (30) zu einer Steigerung der Geldmenge und in (31) zu einer Vergrößerung des Kreditvolumens.

(36.1) $$0 < E(M, B_a) = (1 - q_1) < 1$$

(37.1) $$0 < E(GA_I, B_a) = (1 - q_2) < 1 \; .$$

Beide Elastizitäten sind aufgrund vorangegangener Überlegungen kleiner als 1, wobei aus (34.3) weiter folgt: $E(M, B_a) > E(GA_I, B_a)$.

Mindestreservepolitische Maßnahmen MR in Form einer Erhöhung des Pflichtreservesatzes r_{KV} und/oder der zeitlich gebundenen Gelder ZB bei der SNB senken das inländische „Asset“volumen, da

$$(37.2) \quad E(GA_I, MR) = (1 - q_2)\,[E(B_a, MR) + E(a, MR)] = - \frac{1 - q_2}{q_0}\, E(\overset{+}{i_K}, MR) < 0 \; .$$

Die Wirkung von Mindestreserveänderungen auf die inländische Geldmenge

$$(36.2) \quad E(M, MR) = (1 - q_1)\, E(B_a, MR) + E(m, MR) - q_1\, E(a, MR) = - \frac{1 - q_1 \alpha}{q_0 \alpha}\, E(i_K, MR)$$

mit $\alpha = \frac{1 + a}{a} = 1.19$ (beobachteter Durchschnittswert) hängt von dem Vorzeichen des multiplikativen Faktors $(1 - q_1 \alpha)$ ab, der für $q_1 < .84$ positiv ist. Da wir den tatsächlichen Wert von q_1 in dieser Größenordnung erwarten, ist in (36.2) $E(M, MR) < 0$.

Mindestreserveerhöhungen müssen also im beobachteten Zeitraum in der Schweiz kontraktiv wirken.

Für diskontpolitische Aktionen erhalten wir unmittelbar aus (31)

$$(37.3) \quad E(GA_I, \delta) = (1 - q_2)\, E(a, \delta) < 0 \text{ mit } E(a, \delta) < 0$$ [3]

und aus (30)

$$(36.3) \quad \begin{aligned} E(M, \delta) &= E(m, \delta) - q_1\, E(a, \delta) \\ &= (1 - q_1 \alpha)\,[- .22\, E(\overset{+}{r_U}, \delta) + .02\, E(\overset{-}{b}, \delta)] \\ &\quad + (1 - q_1)\, 1.27\, E(\overset{+}{f_2}, \delta) \; . \end{aligned}$$

Wegen der geringen Kreuz-Preis-Elastizität $E(f_2, \delta)$ überwiegt der negative Beitrag des ersten Summenausdrucks in (36.3), so daß $E(M, \delta) < 0$. Die Diskontpolitik in der Schweiz wirkt bei einer Erhöhung der Refinanzierungskosten auf Geld- und Kreditmenge restriktiv.

5.2 *Einfluß der Auslandsgelder-beschränkungen und Kreditlimitierungen*

Maßnahmen gegen den Zustrom von Auslandsgeldern senken, wie bereits diskutiert (s. S. 45), die inländische „Asset“nachfrage der Banken. Die Wirkung auf die Geldmenge leiten wir formal ab, indem wir unter-

---

[3] Siehe S. 44.

stellen, wir könnten eine Instrument-Variable MA operational ausweisen, die uns das Ausmaß der Auslandsgelderbeschränkungen in Form von Begünstigungen des Kapitalexports bis hin zu Verzinsungsverboten von Auslandseinlagen angibt. Analog zu der Ableitung nach den politischen Parametern π in (30) erhalten wir dann

$$E(M, MA) = \overline{E(m, MA)} - q_1 \overline{E(a, MA)} ,$$

wobei der Kreditmultiplikator a aufgrund des diskutierten Bank- und Publikumsnachfrageverhaltens (S. 45) sinkt.

Der Geldmultipliktor m nimmt ebenfalls ab, trotz des leicht positiven Einflusses insbesondere über den tendenziell sinkenden Einlageparameter z. Das Publikum wird auf administrierte Zinseinbußen nicht so elastisch reagieren, wie die Banken dies vermutlich auf die übrigen Auslandsgelderbeschränkungen über r_V, f_1 und f_2 tun werden. Sofern wir zusätzlich annehmen, daß $- E(m, MA) > - q_1 E(a, MA)$, was für $q_1 < 1$ plausibel erscheint, dann muß das inländische Geldangebot abnehmen.

Kreditzuwachsbegrenzungen, sofern sie befolgt werden und die Banken nicht lediglich zu einer Umverteilung ihrer gewinnbringenden Aktiva veranlassen, müssen bei exogen gegebener Zuwachsrate der Geldbasis den Kredit- und Geldmultiplikator über eine Erhöhung der Bankparameter relativ senken. Das gesamte inländische „Asset"volumen und die inländische Geldmenge nehmen ab.

Die tatsächliche Wirkung der Auslandsgelder- und Kreditzuwachsbeschränkungen, die u. a. wegen der Heterogenität und Komplexität der institutionellen Regelungen und wegen fehlenden Datenmaterials nicht in Form von einfachen Instrumentvariablen operationalisiert werden kann[4], können wir wiederum über systematische Verhaltensmuster nicht erklärter Residuen in den Schätzfunktionen erfassen.

Im Falle der Kreditzuwachsbegrenzung bedienen wir uns noch eines modifizierten Tests[5]. Ausgehend von den Gleichungen (21) und (24) erhalten wir die Wachstumsraten der „Asset"nachfrage und des Geldangebots als

$$\text{(24.1)} \qquad d\ln GA_I = d\ln a + d\ln B_a$$

$$\text{(21.1)} \qquad d\ln M = d\ln m + d\ln B_a \, .$$

---

[4] Auf die Einführung von Dummy-Variablen wurde u. a. wegen der relativen Willkür in der Größenfestlegung verzichtet.

[5] Dieses Verfahren geht wie die Abschätzung nicht erklärter Reste auf eine Anregung von Karl *Brunner* im Sommer 1972 zu einem Vorentwurf dieser Arbeit zurück.

In Limitierungsphasen muß nun die Kovarianz zwischen den Wachstumsraten von Basis und Kreditmultiplikator in (24.1) absolut größer sein als in Perioden, in denen keine Kreditrestriktionen durchgeführt werden. Da der Limitierungseffekt auf die Geldmenge nur über den Geldmultiplikator wirken kann, muß darüber hinaus die Kovarianz cov $(d \ln m, d \ln B_a)$ in (21.1) in Kreditzuwachsbegrenzungsperioden ebenfalls signifikant abweichen.

5.3 Einfluß relativ exogener Variablen: Realeinkommen und Eurozins

Aufgrund vorangegangener Überlegungen (s. S. 36 f. u. 45 f.) können wir die Vorzeichen für die Elastizitäten des Kreditvolumens in bezug auf das Realeinkommen und den Eurozins relativ einfach bestimmen.

Aus (31) folgt dann

$$E\left(GA_I, \frac{Y}{p}\right) = q_2 E\left(g, \overset{+}{\frac{Y}{p}}\right) + (1 - q_2) E\left(a, \overset{+}{\frac{Y}{p}}\right) > 0 \,. \tag{37.4}$$

Weiter nehmen wir an, daß

$$E(GA_I, i_{EU}) = q_2 E(\overset{+}{g}, i_{EU}) + (1 - q_2) E(\overset{-}{a}, i_{EU}) < 0 \,. \tag{37.5}$$

Aus (30) leiten wir unter Verwendung von (35.4) und (35.5) die Elastizitäten der Geldmenge ab:

$$E\left(M, \frac{Y}{p}\right) = E\left(m, \frac{Y}{p}\right) + \frac{q_1}{q_0} E\left(i_K, \overset{+}{\frac{Y}{p}}\right) > 0 \tag{36.4}$$

$$E(M, i_{EU}) = E(m, i_{EU}) + \frac{q_1}{q_0} E(\overset{+}{i_K}, i_{EU}) < 0 \tag{36.5}$$

mit

$$E\left(m, \frac{Y}{p}\right) = -.28\, E\left(k, \overset{-}{\frac{Y}{p}}\right) -.07\, E\left(z, \overset{+}{\frac{Y}{p}}\right) -.17\, E\left(s, \overset{-}{\frac{Y}{p}}\right) > 0$$

$$\begin{aligned} E(m, i_{EU}) = {} & -.22\, E(\overset{-}{r_Ü}, i_{EU}) + .02\, E(\overset{+}{b}, i_{EU}) -1.30\, E(\overset{+}{f_1}, i_{EU}) \\ & + 1.27\, E(\overset{-}{f_2}, i_{EU}) -.28\, E(\overset{+}{k}, i_{EU}) \\ & -.07\, E(\overset{+}{z}, i_{EU}) -.17\, E(\overset{+}{s}, i_{EU}) + .62\, E(\overset{-}{d}, i_{EU}) < 0 \,. \end{aligned}$$

Die Geldmenge reagiert auf eine Erhöhung des Realeinkommens eindeutig positiv. Die Wirkung einer Eurozinssteigerung wird von dem negativen Multiplikatoreinfluß über f_1, f_2, k, z, s und d beherrscht, der den positiven Effekt insbesondere über die Kreditmarktelastizität $E(i_K, i_{EU})$ aufhebt und die Geldmenge leicht sinken läßt.

6. Zusammenfassung der theoretischen Ergebnisse

In einer komparativ-statischen Modellbetrachtung konnten wir unter Festlegung bestimmter Größenordnungsbeschränkungen die Richtungsänderung der abhängigen Variablen aufgrund von Variationen der unabhängigen Variablen eindeutig ausmachen. Wir haben damit aus einer relativ komplexen Hypothese, die die spezifische Auslandsabhängigkeit des schweizerischen Geldangebotsprozesses berücksichtigt, eine Fülle von Testimplikationen abgeleitet.

Von besonderem Interesse sind die politischen Implikationen, die in der Elastizitätsabbildung der Geldmenge und des Kreditvolumens auf die politischen Parameter zum Ausdruck kommen.

Die um den Auslandsstatus der Banken, die Refinanzierung und die freigesetzten Reserven bereinigte monetäre Basis als Schlüsselvariable im Modell kann von der Schweizerischen Nationalbank kurzfristig kontrolliert werden und führt bei einer expansiven Politik über eine Senkung des Kapitalmarktzinses zu einer Ausdehnung des inländischen Geld- und „Asset"volumens. Die Zins-, wie die Geld- und Kreditmengenelastizität in bezug auf die Basis sind absolut kleiner als Eins, wobei das Geldangebot auf Basisvariationen elastischer als die „Asset"-menge reagiert.

Neben Geldbasisänderungen aufgrund von Offenmarktoperationen und Schuldenrückzahlungen des Bundes bedient sich die Nationalbank im beobachteten Zeitraum im wesentlichen vier weiterer politischer Instrumente, von denen wir zwei, die Refinanzierungs- und Mindestreservepolitik, explizit in Variablenform ausgewiesen haben. Die beiden anderen Einflußmöglichkeiten, Auslandsgelderbeschränkungen und Kreditzuwachsbegrenzungen, wurden indirekt eingeführt über signifikante Abweichungen in den Verhaltensgleichungen, die nicht durch die ausgewiesenen Argumente erklärt werden können.

Es konnte gezeigt werden, daß die Refinanzierungspolitik im Falle einer Vergrößerung der in- und ausländischen Nettoerträge ($i_K - \delta$; $i_{EU} - \delta$) den Kapitalmarktzins senkt und die inländische Geld- und Kreditmenge vergrößert.

Mindestreservepolitische Maßnahmen haben in der Schweiz eine kontraktive Tendenz. Obwohl die Banken mit einer Senkung des Überschußreservesatzes reagieren, die Multiplikatoren sich also erhöhen, dominiert der restriktive Effekt der „liberated reserves" über die Geldbasis auf die Geld- und Kreditmenge. Die Senkung des Überschußreservesatzes im Falle einer Mindestreserveerhöhung wurde als Verhaltensanpassung der Banken an steigende Grenzopportunitätskosten bei unverändertem Grenzprodukt erklärt. Mit einer Senkung der Überschußreserven realisieren die Banken im neuen Gleichgewicht ein höheres Grenzprodukt in Form gestiegener marginaler Transaktions- und Informationskostenersparnisse und in Form einer höheren Grenzproduktivität des „window-dressing".

Kreditzuwachsbegrenzungen erhöhen den Kapitalmarktzins und schränken Geld- und „Asset"mengenentwicklung ein, vorausgesetzt, daß Substitutionsbeziehungen im „earning-asset portfolio" mehr oder weniger vernachlässigt werden können.

Maßnahmen gegenüber Auslandsgeldern senken die inländische Geld- und Kreditmenge.

Zuletzt sei noch die Wirkung der exogenen Variablen Realeinkommen und Eurozins erwähnt, die beide das inländische Zinsniveau anheben. Darüber hinaus dehnt eine Erhöhung des Realeinkommens auch die Geld- und Kreditmenge aus, während eine Steigerung des Eurozinses das inländische Geld- und „Asset"volumen leicht sinken läßt.

IV. Theoretische Vorstellungen der Nationalbank über den Ablauf monetärer Prozesse in der Schweiz

Die Effizienz geldpolitischer Maßnahmen hängt nicht nur von der „wahren" Struktur des Geldangebotsprozesses ab, sondern wird entscheidend von den Vorstellungen der Politiker über diese Struktur bestimmt[1]. Für das Verständnis der Geld- und Kreditmarktentwicklung in der Schweiz ist es deshalb wichtig, die theoretische Konzeption der Nationalbank herauszuarbeiten, wie sie sich aus amtlichen Veröffentlichungen[2] und Aussagen von Notenbankpolitikern ableiten läßt[3]. Die Hypothesen sollen auf ihre innere Konsistenz überprüft und mit den Implikationen unseres Modells konfrontiert werden. Empirische Beobachtungen in den nächsten Kapiteln geben uns die Möglichkeit, alternative Aussagen zu testen.

1. „Klassische" Möglichkeiten der Geld- und Kreditmengenregulierung

Ziel der SNB im Sinne eines „ultimate target" ist ein stabiles Preisniveau. Implizit ausgehend von der Einkommensgleichung, die das nominelle Volkseinkommen als Produkt aus Geldmenge und Umlaufgeschwindigkeit definiert, ist die SNB bemüht, „die Entwicklung von Geldvolumen und Produktionskapazität soweit als möglich in eine den Geldwert erhaltende Harmonie zu bringen"[4]. Dies auch in Übereinstimmung mit Art. 39 der Bundesverfassung, der der SNB als Hauptaufgabe zuweist, den Geldumlauf des Landes zu regeln.

Eine „direkte" Geldmengenregulierung als Zwischenziel einer Geldpolitik in der Schweiz strebt die SNB allerdings nicht an. Nach eigener Anschauung vermag die Nationalbank „auf die einzelnen Komponenten des Geldvolumens und deren Zusammenspiel nur teilweise einzuwirken. Sie kann weder die Umlaufgeschwindigkeit der Geldmenge, noch die Neigung, Geldkapital in Sichtgeld umzuwandeln, beschränken.

[1] Vgl. *Brunner*, Karl (1972 a).

[2] Insbesondere: Geschäftsberichte der Schweizerischen Nationalbank, 1959 bis 1970; Botschaft des Bundesrates an die Bundesversammlung betreffend die Revision des Nationalbankgesetzes (24. Juni 1968), Sonderdruck.

[3] z. B. *Leutwiler*, Fritz (1971); *Gal*, Michael (1971 a, b).

[4] 63. Geschäftsbericht der SNB, 1970, S. 37.

Selbst das Notenbankgeldvolumen vermag die Nationalbank nur partiell zu kontrollieren. Sie ist zwar in der Lage, den Notenbankkredit, nicht aber die ungleich wichtigere Konversion von Devisen in Landeswährung wirksam zu dosieren"[4].

Das erste Argument der SNB stellt überhaupt die Transmission monetärer Impulse bei stark fluktuierender Geldumlaufgeschwindigkeit in Frage. Die beiden anderen Aussagen betonen zieldivergente Publikums- und Bankreaktionen innerhalb des Geldangebotsprozesses, die eine Lenkung der Geldmenge entscheidend beeinträchtigen. Untersuchen wir zunächst diese beiden letzten Behauptungen genauer.

1.1 Zieldivergentes Publikumsverhalten

Nach Auffassung der SNB schränken Substitutionseffekte in der Publikumsnachfrage zwischen Sichteinlagen und Geldkapital eine wirksame Lenkung des Geldvolumens ein. Den Anschauungen des Sachverständigenrates in der BRD in seinem Gutachten 1970 liegt eine ähnliche Vorstellung zugrunde[5].

In unserer Hypothese müssen sich derartige Umschichtungsprozesse in den Beiträgen des Zeit- und Spareinlagenkoeffizienten zur Entwicklung der Geldmenge ausdrücken. Bereits *Brunner* und *Neumann* haben für die USA und die BRD gezeigt,[6] daß die Allokation des Publikums zwischen Sicht-, Zeit- und Spareinlagen auf die Geldmengenveränderung einen sehr geringen negativen Einfluß hat. Dagegen ist dieser Einfluß auf die Kreditmenge relativ groß und positiv (s. Tab. 1).

Tabelle 1

Elastizitäten der Bankkredit- und Geldmenge in bezug auf den zusammengefaßten Zeit- und Spareinlagenkoeffizienten

	Bankkredit-elastizität	Geldmengen-elastizität
USA	+ .40	− .12
BRD	+ .48	− .26
CH	+ .46	− .24

[5] Jahresgutachten 1970, Deutscher Bundestag, 6. Wahlperiode, Drucksache VI, 1470 vom 30. 11. 1970.

[6] *Brunner*, Karl und *Neumann*, Manfred J. M. (1971), S. 235 f. und dieselben (1972), S. 131 f.

Die Zahlen für die Schweiz im Zeitraum 1960 - 1970[7] in Tabelle 1 bestätigen diese Ergebnisse. Sie sind praktisch identisch mit den Werten für die BRD, die die Zeitspanne 1958 - 1970 abdecken. Die Elastizität der inländischen Geldmenge in bezug auf die Zeit- und Spardepositenquote war negativ und betrug in der Schweiz lediglich 24 %, während gleichzeitig die Elastizität für das inländische „earning-asset"-Volumen mit + 46 % absolut genommen fast doppelt so groß war.

Aussagekräftiger als Elastizitätsvergleiche sind in diesem Zusammenhang die durchschnittlichen Beiträge des Zeit- und Spareinlagenkoeffizienten zum Wachstum der Geldmenge, die in Tab. 12 (Anhang I) ausgewiesen sind. Danach haben die beiden Depositenparameter in den letzten 11 Jahren in der Schweiz zusammen nur — .3 % zu einem durchschnittlichen Wachstum der inländischen Geldmenge von 7.3 % beigesteuert, während beispielsweise die bereinigte Geldbasis im gleichen Zeitraum um 10.2 % stieg (s. Tab. 12; 2. Zeile).

Wir stellen also fest, daß entgegen den Annahmen der SNB die Umwandlung von Geldkapital in Sichtgeld durch das Publikum den Geldangebotsprozeß in der Schweiz nicht nennenswert beeinflußt.

1.2 Zieldivergentes Bankverhalten

Die „partielle" Kontrolle über das Notenbankgeldvolumen begründet die SNB im einzelnen folgendermaßen: Die Banken verfügen über beträchtliche kurzfristige Anlagen auf dem Eurogeldmarkt, „die je nach Bedarf in Kasse umgewandelt werden können. Die Erfahrungen haben gezeigt, daß nicht in erster Linie die jeweils im Inland vorhandene Kassaliquidität, sondern die im Ausland kurzfristig angelegten Mittel das Kreditpotential der Banken bestimmen." Aus Ertragsgründen halten die Banken ihre inländische Kassaliquidität knapp. „Eine Verminderung der ohnehin schon knappen Kassaliquidität durch die Einforderung von Mindestguthaben oder durch Offenmarktpolitik" führt deshalb „in erster Linie zu einer Heimschaffung von Mitteln aus dem Ausland und zu einer mit Ertragseinbußen begründeten Anhebung der inländischen Aktivzinssätze der Banken" ... „Das im Ausland liegende Liquiditätspotential ist zudem zu groß, als daß es durch Maßnahmen der Notenbank in einem Umfang abgeschöpft werden könnte, der die Fähigkeit der Banken, Kredit zu gewähren, genügend einschränken würde."[8]

---

[7] Die Elastizitätswerte haben wir den Tabellen 15 und 16 (letzte Zeile) im Anhang I entnommen.

[8] 63. Geschäftsbericht der SNB 1970, S. 37.

Mit anderen Worten: Eine Politik, die durch eine Begrenzung des Notenbankgeldvolumens die inländische Kredit- und Geldmenge beeinflussen will, ist relativ erfolglos. Sie verursacht lediglich Zinssteigerungen.

Eine Anhebung der inländischen Aktivzinssätze bei im Endresultat nahezu unveränderter inländischer Kredittätigkeit der Banken ist aber mit herkömmlichen preistheoretischen Vorstellungen nicht vereinbar, sofern wir einen „typischen" Verlauf der Publikumsnachfrage unterstellen. Eine Basisgeldkontraktion, z. B. in Form von Offenmarktverkäufen der SNB, verschiebt die Bankangebotsfunktion (Nachfrage nach gewinnbringenden Aktiva) $a\ (i_K)\ B_a$ derart, daß im Falle einer negativ geneigten Publikumsnachfrage (Angebot an gewinnbringenden Aktiva) $g\ (i_K)$ die „Asset"menge GA_I sinkt und der Kapitalmarktzins i_K steigt. Einsetzende Mittelrück- und zuflüsse aus dem Ausland bei den Schweizer Banken müssen, sofern sie den kontraktiven politischen Effekt auf die Kreditmenge wieder aufheben, das Kreditangebot und damit auch das Zinsniveau zum Ausgangsniveau zurückführen. Eine längerfristige Zinssteigerung bei nahezu unverändertem Kreditvolumen kann nur dann eintreten, wenn die SNB postuliert, daß der Kapitalmarktzins auf eine Kontraktion des Kreditangebots über den inländischen Geldbasisanteil wesentlich elastischer reagiert als auf eine Expansion durch den Zufluß von Auslandsgeldern. Diese Annahme bedarf aber einer weiteren analytischen Begründung und schließlich auch empirischer Evidenz.

Eine andere Möglichkeit, die These von der Unwirksamkeit basisgeldpolitischer Maßnahmen bei gleichzeitigem Zinsanstieg aufrechtzuerhalten, ist dann gegeben, wenn man voraussetzt, daß die Kreditnachfrage („Asset"angebot) des Publikums zinsunelastisch ist, d. h. parallel zur i_K-Achse verläuft.

Diese Auffassung scheint zumindest tendenziell auch von Vertretern der SNB geteilt zu werden, wenn *Leutwiler* darauf hinweist, daß z. B. die Investitionskreditaufnahme der Unternehmer in erster Linie durch andere Faktoren, wie Möglichkeiten der Preisüberwälzung, abdiskontierte Inflationserwartungen, Vergünstigungen bei der Verbuchung von Schuldzinsen als Unkosten und durch den potentiellen Überliquiditätsstatus in der Schweiz bestimmt werden[9].

In Tabelle 2 haben wir die SNB-These von der relativen Unmöglichkeit einer Basiskontrolle den Implikationen unseres Modells formal gegenübergestellt:

---

[9] Vgl. *Leutwiler*, Fritz (1971) S. 280.

Tabelle 2

Basiskontrolle ist nicht möglich (SNB)	Basiskontrolle ist möglich (Geldangebotshypothese)
$E(GA_I, B_a) \approx 0$ $\rightarrow \quad q_2 \approx 1$ $\rightarrow E(g, i_K) \approx -0$	$0 < E(GA_I, B_A) < 1$ $\rightarrow \quad 0 < q_2 < 1$ $\rightarrow E(g, i_K) < 0$
$E(M, B_a) \approx 0$ $\rightarrow \quad q_1 \approx 1$ $\rightarrow E(m, i_K) \approx E(a, i_K) - E(g, i_K)$ Da $E(g, i_K) \approx -0$ $\rightarrow E(m, i_K) \approx E(a, i_K)$	$.16 < E(M, B_a) < 1$ $\rightarrow \quad 0 < q_1 < .84$[10] $\rightarrow E(m, i_K) < E(a, i_K) - E(g, i_K)$ wobei zusätzlich postuliert wird $E(m, i_K) < E(a, i_K)$

Die Elastizitäten des Kredit- und Geldvolumens in bezug auf die um die Nettoauslandsforderungen der Banken bereinigte Geldbasis B_a müssen ungefähr Null sein, wenn die SNB in der Annahme richtig geht, daß die Banken den politischen Effekt über Portfolioveränderungen ausgleichen. Die SNB-These impliziert, daß Geld- und Kreditmultiplikator im Falle einer Kontraktion der Geldbasis aufgrund von Zinsänderungen um den gleichen relativen Betrag steigen müssen, während die Kreditnachfrage des Publikums auf Zinsänderungen überhaupt nicht reagiert.

Lassen wir, wie die SNB anzunehmen scheint, den „offsetting-effect" bei einer Basisänderung in erster Linie über eine Anpassung des Nettoauslandsstatus der Banken, d. h. in unserer Formulierung über eine Veränderung der Koeffizienten f_1 und f_2, laufen, dann gilt wegen der implizierten etwa gleich großen Zinselastizitäten von m und a

$$E(m, i_K) \approx E(m, f_1)\, E(f_1, i_K) + E(m, f_2)\, E(f_2, i_K)$$

$$\approx E(a, f_1)\, E(f_1, i_K) + E(a, f_2)\, E(f_2, i_K) \approx E(a, i_K)\ .$$

Da $E(a, f_1) = E(m, f_1)\, \alpha$ und $E(a, f_2) = E(m, f_2)$[11],

folgt $(1 - \alpha)\, E(m, f_1)\, E(f_1, i_K) \approx 0\ .$

[10] Folgt aus der Tatsache, daß postuliert wurde $(1 - q_1 \alpha) > 0$, wobei in der Schweiz der beobachtete Durchschnittswert $\alpha = 1.19$ (vgl. S. 47).

[11] Siehe S. 39 und 47.

Die Elastizität der Auslandskreditquote $E(f_1, i_K)$ ist von der SNB ausdrücklich als stark negativ akzeptiert, so daß die letzte Gleichung nur erfüllt ist, wenn $(1 - \alpha) E(m, f_1) \approx 0$. Tatsächlich aber ist dieser Ausdruck im beobachteten Zeitraum + .24.

2. „Interest target policy“ und Kreditzuwachsbegrenzungen

Da Geld- und Kreditmenge mit den „klassischen Mitteln“ der Geldbasiskontrolle nach Meinung der SNB nicht gelenkt werden können, verfolgt sie „eine auf die Vermeidung extremer Ausschläge tendierende Zinspolitik“[12] und strebt darüber hinaus Limitierungen des inländischen Kreditzuwachses an. Um die Verwendung der Zinssätze und des Kreditzuwachses als monetäre Zwischenziele zur Stabilisierung des Preisniveaus theoretisch abzustützen, bedient sich die SNB folgender Erklärungszusammenhänge.

2.1 Externer und interner Zinseffekt

Die Differenz zwischen in- und ausländischen Zinssätzen wird, wie bereits angedeutet, entscheidend für die Entwicklung der inländischen monetären Aggregate angesehen. Während ein im Verhältnis zum Ausland tiefes Zinsniveau der Schweiz den Zustrom von Geldern aus dem Ausland vermindert und den Wiederabfluß zugeflossener Gelder ins Ausland erleichtert, also kontraktiv wirkt, setzen bei steigenden inländischen Zinssätzen ab einem kritischen Niveau umgekehrte Kapitalbewegungen ein, die die im Inland nachfragewirksame Geldmenge expandieren lassen und das Preisniveau hinauftreiben.

Auf dem Hintergrund dieser Überlegungen scheint es verständlich, daß die Zinspolitik der Nationalbank in der Vergangenheit „primär auf die Aufrechterhaltung des Zinsgefälles ausgerichtet war“[13]. Allerdings impliziert eine annähernd konstante Differenz zum Ausland, daß das inländische Zinsniveau laufend den — in der Vergangenheit immerhin heftigen — Schwankungen des Auslandsniveaus angepaßt werden muß[14]. Der von der SNB unterstellte „externe“ Zinseffekt ist also kaum geeignet, die Notwendigkeit einer Stabilisierung der inländischen Zinssätze zu begründen[15].

---

[12] Botschaft des Bundesrates ..., S. 11.

[13] *Gal*, Michael (1971 a).

[14] Tatsächlich war die Differenz zwischen der Nettorendite auf dem Euromarkt und dem schweiz. Kapitalmarktzins $i_{EU} + w - i_K$ keineswegs stabil. Sie schwankte von 1960 - 1970 in den Grenzen — 1,30 (61 II) und + 3,56 (69 II), während die Extremwerte des Eurozinses im gleichen Zeitabschnitt sich auf + 3,34 (61 II) und + 11,25 (69 III) beliefen.

[15] Am Rande sei vermerkt, daß der schweiz. Kapitalmarktzins im Beobachtungszeitraum innerhalb der Werte + 2,84 (61 I) und + 6,03 (70 II) erheblich fluktuierte.

„Das Bestreben der Nationalbank, den Zinsauftrieb im Inland nach Möglichkeit etwas zu mäßigen und zu verzögern, hat noch einen weiteren Grund. Der Anstieg der mittel- und langfristigen Zinssätze, insbesondere jener der Spareinlagen und Kassenobligationen, pflegt sich nach kurzer Zeit auf den Hypothekarsatz zu übertragen und in der Folge zu einem Anstieg der Wohnungsmieten und der Preise landwirtschaftlicher Erzeugnisse zu führen. Beide Preisgruppen fallen bei der Berechnung des Index der Konsumentenpreise stark ins Gewicht. Eine Erhöhung der mittel- und langfristigen Zinssätze beschleunigt daher den Indexauftrieb und wirkt sich dadurch selbstverständlich auch auf die allgemeine Lohnentwicklung aus."[16]

Dieser behauptete „interne" Zinseffekt basiert auf einer Art angebotsorientierter Preistheorie, wie sie von den Vorklassikern vertreten wurde[17]. Etwa seit *Ricardo* geht die theoretische Nationalökonomie davon aus, daß Zinssteigerungen die Nachfrage nach Realkapital tendenziell senken und damit den Preisauftrieb dämpfen. Preiserhöhungen auf dem Wohnungsmarkt können demzufolge in der Schweiz nur wegen der nahezu unelastischen Nachfrage realisiert werden[18]. Ähnliches gilt auf dem Agrarsektor, wo u. a. die staatliche Garantie kostendeckender Preise eine Art Monopolsituation schafft. Um die Zinskostenthese der SNB einigermaßen begründen zu können, muß zunächst ein analytischer Rahmen gefunden werden, der insbesondere die gesamtwirtschaftliche Nachfrage explizit als Bestimmungsfaktor mit berücksichtigt. Die Argumentation der SNB stützt sich im wesentlichen auf die empirische Konstruktion des Konsumentenpreisindex in der Schweiz[19], die, wie auch in anderen Ländern, relativ willkürlich ist.

---

16 *Leutwiler*, Fritz (1971) S. 285.

17 Einer ähnlichen Argumentationskette bedient sich übrigens die „Theorie" von der Lohn-Preis-Spirale.

18 An anderer Stelle scheint die SNB diese Marktgesetze auch voll anzuerkennen: „Abgesehen davon bestätigte sich die in anderen Ländern gemachte Erfahrung, daß selbst bei einer allgemeinen Konjunkturverflachung die Bewegung der Kosten und Preise noch so lange aufwärts gerichtet bleibt, als die öffentlichen Ausgaben übermäßig wachsen, der Arbeitsmarkt angespannt ist..., und außerdem in wichtigen Sektoren, wie beispielsweise *am Wohnungsmarkt*, noch ein *Ungleichgewicht zwischen Angebot und Nachfrage* besteht. *Bei solchen Verhältnissen lassen sich Kostensteigerungen unschwer auf den Konsumenten abwälzen*" (58. Geschäftsbericht 1965, S. 8) (von mir kursiv gesetzt, H. R.).

19 Als im Jahre 1967 die SNB bei sinkendem Zinsniveau und weiterem Konjunkturabstieg einen steigenden Konsumentenpreisindex registriert, kommentiert sie: „Zwischen der Entwicklung der allgemeinen Wirtschaftslage und jener des Index der Konsumentenpreise besteht somit ein Widerspruch. Dazu ist in erster Linie festzustellen, daß der Index wohl über die Preisentwicklung der Verbrauchsgüter und Dienstleistungen unter Berücksichtigung der Bedeutung, die ihnen im Haushalt unselbständig Erwerbender zukommt, Aufschluß gibt, nicht aber über die Ursachen der in einzelnen Verbrauchsgruppen eingetretenen Preissteigerungen". (60. Geschäftsbericht 1967, S. 13).

2.2 *Kreditmenge, Zins und Preis*

„Die Erkenntnis der engen Grenzen ihres zinspolitischen Aktionsbereichs"[20] veranlaßt die SNB, Kreditzuwachsbegrenzungen zur Inflationsbekämpfung einzuführen.

„Gegenüber Mindestreserven und offenmarktpolitischen Maßnahmen weist die Kreditzuwachsbegrenzung für unsere Verhältnisse u. a. den Vorzug auf, daß sie weder die Banken zur Heimschaffung von Anlagen aus dem Ausland veranlaßt, noch die Dämpfung der Kreditnachfrage über eine vorausgehende kräftige Erhöhung des Zinsniveaus herbeizuführen trachtet. Auf längere Sicht trägt sie im Gegenteil dazu bei, den Anstieg insbesondere der langfristigen Sätze zu mildern, weil die Entwicklung der Kredite und das für ihre spätere Konsolidierung entscheidende Wachstum der Ersparnisse weniger weit auseinanderlaufen, als dies bei ungehemmter Kreditexpansion der Fall wäre[21]."

Drei Vorteile sind es also, die Limitierungen des Kreditzuwachses in der Schweiz gegenüber einer Basislenkung auszeichnen, und die wir wiederum mit Implikationen unserer Geldangebotshypothese konfrontieren:

(a) Die Banken schaffen keine Anlagen aus dem Ausland heim.

Diese Aussage ist, sofern wir von Umschichtungen im „Asset"portefeuille der Banken absehen, mit unseren Modellimplikationen vereinbar. Wir würden sogar schärfer formulieren, daß in diesem Sinne voll wirksame Kreditzuwachsbegrenzungen die Banknachfrage nach ausländischen Aktiva und nach Basisgeld relativ ausdehnen müssen.

(b) Die Kreditnachfrage wird nicht über eine vorausgehende kräftige Erhöhung des Zinsniveaus zu dämpfen beabsichtigt.

Hier scheint ein Mißverständnis vorzuliegen. Eine Basisgeldpolitik versucht eben gerade nicht, über *Zins*variatonen die monetären Aggregate wie das Kreditvolumen zu beeinflussen, sondern sie ist in erster Linie *Mengen*politik, die „direkt" auf das Kreditangebot der Banken wirkt. Abgesehen davon, daß induzierte Zinseffekte aufgrund von Basisveränderungen in unserem Modell mit $-1 < -q_0 < 0$ relativ niedrig erwartet werden, muß eine erfolgreiche Kreditkontraktion aufgrund von Zuwachsbeschränkungen den inländischen *Kredit*marktzins im gleichen Ausmaß erhöhen wie eine entsprechende Kreditmengensenkung über die Geldbasis, wenn wir annehmen, daß die Kreditnachfragefunktion des Publikums in Steigung und Lage unverändert bleibt.

---

[20] *Leutwiler,* Fritz (1971) S. 284.
[21] Derselbe (1971) S. 285.

(c) *Auf längere Sicht wird der Anstieg insbesondere der langfristigen Sätze gemildert.*

Das angeführte Konsolidierungsargument, das auf *Wicksell* zurückgeht, gilt — sofern wir es in dieser Form akzeptieren — auch für eine erfolgreiche *Basis*lenkung der Kredit- und Geldmenge, ist also kein spezielles Resultat der Kreditlimitierung.

Durchgängig zeigt sich in der Kreditplafondierungsdiskussion, daß die SNB nur eine mangelhafte Vorstellung über den Zusammenhang zwischen Geld, Kredit und Preisen besitzt. So erklärt sich der Widerspruch, daß die SNB einerseits die Transmission von Geldmengenimpulsen wegen der Instabilität der Umlaufgeschwindigkeit in Frage stellen kann[22], andererseits in der Kreditzuwachsbegrenzung ein wirksames Mittel zur Inflationsbekämpfung sieht. Eine entwickelte geldtheoretische Analyse aber zeigt: „Kreditgewährungen verändern entweder die Geldmenge oder ihre Umlaufgeschwindigkeit und erscheinen nicht als zusätzliche Größen unabhängig von Geldmenge und Umlaufgeschwindigkeit.“[23]

---

22 Vgl. S. 52 f.

23 *Brunner*, Karl und *Neumann*, Manfred J. M. (1971) S. 235.

V. Empirische Resultate: Die SNB-Politik im Wachstumszyklus des inländischen Geldangebots 1960 II – 1970 IV

Auf vorwiegend analytischer Grundlage wurden im letzten Kapitel eine Reihe immanenter Widersprüche im geldtheoretischen Konzept der SNB aufgedeckt. Besondere Aufmerksamkeit wurde der These gewidmet, die monetären Aggregate seien in der Schweiz über die Geldbasis nicht lenkbar. Diese Behauptung konnte formal isoliert und den Implikationen unserer Geldangebotshypothese gegenübergestellt werden.

Im folgenden Abschnitt wird für einzelne Perioden die tatsächliche Entwicklung der Geldangebots- und Kreditmarktprozesse in der Schweiz den jeweils angestrebten Zielen und eingesetzten politischen Mitteln der SNB gegenübergestellt. Wir teilen den Beobachtungszeitraum Juni 1960 bis Dezember 1970 in Phasen monetärer Akzeleration und Dezeleration entsprechend dem Wachstumszyklus des inländischen Geldangebots in Abb. 3 (Anhang I) ein.

1. Die erste Aufschwungphase 1960 II - 1961 IV

Seit Mitte 1960 beginnen Geldmenge und Kreditvolumen sich stark in ihrer Entwicklung zu beschleunigen und erreichen mit 13.4 bzw. 12.5 % Ende 1961 einen Wachstumshochpunkt (Abb. 3 und 5, Anhang I). Geld- und Kreditmultiplikator verlaufen ab 1960 IV parallel steil aufwärts, während die bereinigte Geldbasis 1961 IV einen tiefen Einbruch verzeichnet.

Die SNB verhält sich im ersten Halbjahr 1960 bei einem Geldmengenwachstum von 6.4 % (s. Tab. 9, Anhang I) nahezu vollständig passiv. „Ihre währungspolitische Zielsetzung ging dahin, den Marktkräften, die aus dem starken Zinsgefälle zwischen der Schweiz und dem Ausland resultierten, freien Spielraum zu gewähren, um auf diese Weise die Ableitung überschüssiger Gelder ins Ausland nach Möglichkeit zu erleichtern, jedenfalls aber nicht durch marktpolitische Maßnahmen, die zu einer Steigerung der Zinssätze hätten Anlaß geben können, zu behindern.“[1] So ist der Beitrag offenmarkt- und mindestresevepolitischer

[1] SNB-Geschäftsbericht 1960, S. 5.

Maßnahmen zum Wachstum der Geldbasis von 4.8 % gleich Null (s. Tab. 11, Anhang I). Lediglich durch die Erhöhung der Einlagen auf dem Konto des Bundes — der Bundesrat verzichtet nach Absprache mit der Nationalbank auf die Rückzahlung von Bundesschulden — wird über die Variable $\dot{U}$ ein leicht restriktiver Effekt von — .6 % auf Basis und Geldmenge erzielt. Das Wachstum der ausländischen Basiskomponente IR_a (kumulierte Leistungsbilanzsalden ⁒ Nettoauslandsforderungen des Publikums) von 5.4 % erklärt den Großteil der Geldmengenentwicklung. Die Reaktionen der Banken auf die relativ hohe Zinsdifferenz zum Ausland[2] drücken sich im wesentlichen in einem Aktivtausch zwischen Reservegeldern und Nettoauslandsforderungen aus[3], so daß der Nettoeffekt auf den Multiplikator nahe Null ist und der leichte Anstieg des Geldangebotsmultiplikators vom Publikumsverhalten insbesondere über die Erhöhung der inländischen Sichtdepositenquote dominiert wird.

In der zweiten Jahrenshälfte 1960 strebt die SNB nach eigener Aussage einen bewußt restriktiven Kurs an. Im August schließt sie ein Gentlemen Agreement zur Abwehr ausländischer Gelder mit den Geschäftsbanken ab, das in der Hauptsache vorsieht, „neue ausländische Gelder nicht mehr auf Sicht, sondern nur noch mit einer Kündigungsfrist von drei Monaten entgegenzunehmen und solche Gelder nicht zu verzinsen ... weniger als sechs Monate gebundene Guthaben unterliegen einer Kommission von 1 Prozent pro Jahr. Überdies soll die Anlage neuer ausländischer Gelder in schweizerischen Wertpapieren, Grundstücken und Hypotheken nach Möglichkeit verhindert werden.“[4] Diese Vereinbarung, die 1961 um ein Jahr verlängert wurde, müßte in erster Linie die Nettoauslandskreditquote f und die inländische Sichtdepositenquote d erhöhen, wobei der letzte Effekt dem Ziel, „der Gefahr einer weiteren Aufblähung der Geldmenge“[4] rasch zu begegnen, eher tendenziell entgegenwirkt. Tatsächlich sind in den folgenden Halbjahren die ausländischen Sichtguthaben gegenüber den inländischen noch überproportional angestiegen und die Sichtdepositenquote hat sich kontinuierlich nach unten bewegt, während im übrigen der Zeiteinlagenkoeffizient mit einem linearen Trend anstieg (s. Abb. 2, Anhang I). Die erwartete Erhöhung der Nettoauslandskreditgewährung ist nur Ende 1960, und hier relativ schwach, nachweisbar, wobei der negative Gesamteffekt von f mit — 3.8 % vom Reserveverhalten mit + 3.6 % praktisch wieder aufgehoben wurde (s. Tab. 9). Insbesondere 1961 nahm trotz Auslandsgeldermaßnahmen der Koeffizient

---

[2] Der Arbitragefaktor $(i_{EU} + w - i_K)$ beträgt 1.09 %.

[3] Vgl. die Senkung von $r + l$ und den gleichzeitigen Anstieg von f in Abb. 2 (Anhang I).

[4] 53. Geschäftsbericht 1960, S. 6.

f stark ab. Im Gegensatz dazu haben die Offenmarktoperationen der SNB einen eindeutig kontraktiven Effekt ausgeübt. Die Anfang Oktober 1960 bei den Banken plazierten Sterilisierungsreskriptionen des Bundes verringerten 1960 IV die bereinigte Basis um — .4.3 % (s. Tab. 11). Zusammen mit der abgesprochenen verzögerten Schuldenrückzahlung des Bundes weist die Entwicklung der Inlandskomponente POL_a mit $-$ 7.2 % Ende 1960 eine immerhin beachtliche negative Tendenz auf, die der erheblichen Ausweitung der Auslandskomponenten IR_a von 15.5 % entgegenwirkte. Die Entwicklung der bereinigten internationalen Reserven IR_a wurde hauptsächlich von Kapitalzuflüssen aus dem Ausland (Diskussion um die Stabilität des Dollars) getragen, die die Nettoauslandsposition des Publikums stark verminderten. Die inländische Geldmenge wuchs um 9.3 %, wobei der Multiplikator nur 1 % erklärt. Da sich die Bankenreaktionen gegenseitig praktisch aufheben, bestimmt das Publikum diesmal über den Kassenhaltungskoeffizienten k die Richtungsänderung des Multiplikators. Die SNB kommentiert ihre immerhin bedingt erfolgreiche Gegensteuerung der Geldbasis im zweiten Halbjahr 1960: „Die erwähnten Maßnahmen bezweckten weder eine Erhöhung der Zinssätze noch eine Abkehr von der währungspolitischen Grundkonzeption der Nationalbank. Das Bestreben des Noteninstituts geht nach wie vor dahin, von zinssteigernden Markteingriffen Abstand zu nehmen, um nicht Anreiz zu einem weiteren Mittelzustrom in unser Land zu bieten, und andererseits das natürliche Ventil des Kapitalexports offenzuhalten.“[5] In dieser Weise wird also das mögliche Versäumnis eines stärkeren notenbankpolitischen Engagements gerechtfertigt.

Trotz der aufgrund der „internationalen Beunruhigung“ erheblichen Devisenzuflüsse in der zweiten Oktoberhälfte 1960 „hielt es die Nationalbank für richtig, die weitere Entwicklung abzuwarten und von ergänzenden währungspolitischen Vorkehrungen vorderhand abzusehen“[6].

Da die schweizerische Währungslage „durch Geldbewegungen, die im Gefolge der weltpolitischen Spannungen und der dauernden Unsicherheit auf dem Gebiet der internationalen Währungen eintraten“[7], auch im Jahre 1961 weiter inflationäre Tendenzen zeigte, sah sich die SNB nun zu stärkeren Eingriffen veranlaßt.

Im März 1961 wurden im Zusammenhang mit der DM- und Guldenaufwertung in die Schweiz geflossene Spekulationsgelder in Höhe von 1 035 Mill. Franken auf Sonderkonto bei der SNB sterilisiert (vgl. S. 13).

[5] 53. Geschäftsbericht 1960, S. 7.
[6] 54. Geschäftsbericht 1961, S. 5.
[7] 54. Geschäftsbericht, S. 7.

Diese mindestreservepolitische Maßnahme *ZB* reduzierte zunächst die bereinigte Basis 1961 II um − 11.8 %. Darüber hinaus führte sie zu einem Anstieg des Geldmultiplikators über einen Abbau der Überschußreserven. Der Überschußreservesatz $r_Ü$ sank von 4.8 % im Juni 1960 auf 3.8 % im Juni 1961 bei einem gleichzeitigen Anstieg des Mindestreservesatzes r_M von 1.3 auf 3.4 %. Die verminderte Überschußreservehaltung, ausgedrückt durch eine Änderung von $r + l$, erhöhte die Geldmenge um 5.5 %. Der Nettoeffekt der Mindestreservemaßnahme auf die Geldmenge (Wachstumsbeiträge von $r + l$ und L) war allerdings mit − 6.3 % kontraktiv, wenn wir davon ausgehen, daß die beiden anderen Bankparameter f und b von der Mindestreserveerhöhung kaum beeinflußt wurden.

Eine weitere restriktive Wirkung in Höhe von − 4.6 % erreichte die SNB durch ihre Offenmarktpolitik, indem sie die zur Fälligkeit gelangten Sterilisierungsreskriptionen des Bundes, die am 1. Oktober 1960 bei den Banken plaziert worden waren, jeweils erneuerte. In Zusammenarbeit mit der Nationalbank begrenzte schließlich der Bund trotz erheblicher Überschüsse im Finanzhaushalt, wie schon in den Vorjahren die Rückzahlung von Schulden und ließ Kassenmittel bei der SNB stehen[7], so daß die Restkomponente *Ü* die Geldmenge um − 9.5 % verminderte.

Die enorme Aufwärtsentwicklung der ausländischen Basiskomponente IR_a von + 24.2 % konnte so durch das Wachstum der politisch kontrollierten Inlandskomponente POL_a von − 25.9 % überkompensiert werden. Die bereinigte Basis sank um − 1.7 %. Der Multiplikator allerdings expandierte kräftig, insbesondere durch die aufgrund der internationalen Währungsunruhen gegenüber dem Vorjahr stark gesunkenen Nettoauslandskreditquote f, so daß per Saldo sich das Geldmengenwachstum im ersten Halbjahr 1961 auf + 11.6 % vergrößerte. Diese Aufwärtsentwicklung hielt auch im zweiten Halbjahr an und steigerte sich Ende 1961 auf + 13.4 %.

Die SNB steuerte im zweiten Halbjahr 61 einen verhaltenen Kurs an. Ihre Offenmarktoperationen nahmen gegenüber dem Vorjahr ab und hatten auf das Geldmengenwachstum einen leicht expansiven Einfluß von + 1.1 %. Die Einlagenpolitik mit dem Bund war ebenfalls schwächer, so daß die Variable *Ü* die Geldmenge nur noch um − 5.4 % kontrahierte. Stattdessen verzeichnen wir einen kräftigen mindestreservepolitischen Effekt, der kurioserweise von der SNB überhaupt nicht wahrgenommen wird. Zumindest in den Geschäftsberichten finden wir keinen Hinweis darauf, daß der Pflichtreservesatz r_{KV} auf kurzfristige Verbindlichkeiten der Banken mit Wirkung vom 1. Oktober 1961 vom Bundesrat um über das Doppelte von 3.66 % auf 7.51 %

erhöht wurde. Der gesamte Mindestreservesatz stieg auf 4.7 % an, während der Überschußreservesatz r_U auf 3.1 % absank.

In den Wachstumsbeiträgen zur Geldmenge stellt sich die Wirkung der mindestreservepolitischen Maßnahme folgendermaßen dar. Die Mindestreservekomponente L senkte die Basis um − 19.9 % während die Reservekoeffizienten $r + l$ als Maß für das Überschußreserveverhalten den Multiplikator um 14.6 % erhöhten. Bleibt ein restriktiver Nettoeffekt auf die Geldmenge von − 5.3 %, der gegenüber 1961 II etwas geringer ist, was darauf zurückzuführen sein dürfte, daß auf eine Erhöhung des Pflichtreservesatzes r_{KV} der Überschußreservesatz r_U stärker negativ reagiert als auf eine Heraufsetzung zeitlich gebundener Gelder ZB.

Da der Beitrag des ausländischen Basisanteils IR_a von + 24.2 % auf + 13.6 % Ende 1961 rapide absank, dominiert der negative Beitrag der Inlandskomponenten POL_a von − 24.2 % das Basiswachstum von − 10.6 %. Dieser kontraktive Beitrag reichte aber nicht aus, den positiven Multiplikatoreffekt von + 24 % genügend auszugleichen, so daß die Geldmenge, wie bereits erwähnt, weiter auf 13.4 % anstieg. Der Multiplikatorbeitrag wird diesmal von dem Reserveverhalten $r + l$ bestimmt, während der Einfluß der Auslandskreditquote f gering zurückgegangen ist. Die stark expansive Reaktion des Multiplikators auf Mindestreserveerhöhungen legt u. a. nahe, daß der kontraktive Nettoeffekt mindestreservepolitischer Maßnahmen in der Schweiz wesentlich geringer ist als der z. B. von Offenmarktoperationen. Die Notenbank konzentriert sich im Berichtsjahr auf die Zinsentwicklung, die gemessen an der Rendite schweizerischer Staatswerte mit ungefähr 3.0 % gleichbleibend niedrig ist. So trachtete sie danach, trotz der konjunkturellen Anspannung „von zinsverteuernden Eingriffen in die Marktgestaltung Abstand zu nehmen, um einerseits nicht zu weiteren Geldzuflüssen aus dem Ausland Anreiz zu bieten und andererseits den Wiederabfluß überschüssiger Mittel über die Grenzen zu erleichtern. In der Weise sollte der Steigerung der Geldmenge und damit der Gesamtnachfrage entgegengewirkt werden“[8].

Zusammenfassung

Das letzte Zitat verdeutlicht noch einmal die Grundhaltung der SNB im monetären Aufschwung 1960 II - 61 IV. Verbalisiertes Ziel der Nationalbankpolitik ist nach wie vor die Geldmengenregulierung, weswegen wir auch die Diskussion der Entwicklung der gewinnbringenden Aktiva und des Kreditmultiplikators zurückgestellt haben (s. Abb. 4 und 5 und Tab. 10, Anhang I). Andererseits sind aber die Bemühungen

[8] 54. Geschäftsbericht, S. 8.

der SNB vorwiegend auf das Zinsniveau als „target" gerichtet, was dazu führt, daß sie in Phasen beschleunigten Geldmengenwachstums wie 1961 II und 1961 IV nicht genügend oder mit relativ unwirksamen Maßnahmen gegensteuert. So kann den Auslandsgelderbeschränkungen, insbesondere 1961, kaum ein sichtbar kontraktiver Effekt zugeschrieben werden. Mindestreservepolitische Maßnahmen sind im Beobachtungszeitraum zwar geeignet, die Geldmenge dämpfend zu beeinflussen, ihre expansive Wirkung auf den Multiplikator läßt aber den kontraktiven Nettoeffekt auf das Geldangebot relativ zu Offenmarktoperationen und einer Veränderung der Variablen *Ü* über das Einlagenkonto des Bundes gering erscheinen.

Nachzutragen ist, daß die Refinanzierung der Banken bei konstantem Diskontsatz von 2 % keinen nennenswerten Einfluß gehabt hat (vgl. Beiträge von *b* in Tab. 9).

2. Monetäre Dezeleration 1961 IV - 1966 IV

Nahezu parallel oder nur knapp vorgelagert dem Niedergang der schweizerischen Konjunktur, der bis Ende 1967 andauert und nur kurzfristig 1964 durch einen leichten Wiederanstieg unterbrochen wird, beobachten wir eine erhebliche Verlangsamung der Geld- und Kreditmenge in der Schweiz bis 1966. Dabei fällt auf, daß das „Asset"-volumen nicht ganz so stark im Wachstum verzögert wird wie die Geldmenge. Verfolgen wir im einzelnen, was die SNB zu dieser Entwicklung beigetragen hat.

Mit Wirkung vom 1. April 1962 schließt die SNB „zur Eindämmung der Investitionstätigkeit von der Kreditseite her"[9] mit den Banken auf „Agreement"-Ebene eine Vereinbarung zur Kreditbegrenzung ab. Auf das Jahr umgerechnet betragen die festgelegten Zuwachslimits 86.6 % für inländische Debitoren, Vorschüsse an öffentl.-rechtl. Körperschaften und Wechsel und 113.3 % für Hypothekarkredite[10].

Weitere politische Maßnahmen sind 1962 kaum zu verzeichnen, abgesehen von dem Abbau der Bundesguthaben, deren expansiver Effekt über *Ü* Ende Juni 62 die Verminderung der „liberated reserves" *L* — als kontraktiven Nacheffekt der Pflichtreserversatzerhöhung vom Oktober 61 — voll kompensiert und Ende Dezember 62 über die Rückzahlung einer Bundesanleihe die inländische Basiskomponente insgesamt auf 4.7 % beschleunigt[11].

---

[9] 55. Geschäftsbericht 1962, S. 5.

[10] 55. Geschäftsbericht 1962, S. 29.

[11] Entgegen dem erklärten Ziel der SNB für 1962: „Wie schon in den beiden vorangegangenen Jahren ging ihr Bestreben dahin, der Vermehrung der Geldmenge entgegenzuwirken, um zusätzliche Auftriebimpulse von der Geldseite her nach Möglichkeit zu vermeiden." (55. Geschäftsbericht 1962, S. 6).

Der Beitrag des ausländischen Basisanteils IR_a nimmt 1962 entscheidend ab, was in erster Linie auf die defizitäre Ertragsbilanzentwicklung zurückzuführen ist. Infolgedessen schwächt sich auch das Geld- und Kreditmengenwachstum ab und wird Mitte 62 nahezu ausschließlich vom positiven Einfluß der Multiplikatoren getragen. Für den Geldmultiplikatoranstieg im Juni 62 auf 10.6 % sind hauptsächlich die Reduktion der Reserve- und Nettoauslandsguthaben bei Banken verantwortlich. Dies beobachtete Bankverhalten widerspricht einem möglichen Kreditlimitierungseffekt. Im Falle erfolgreicher Kreditzuwachsbegrenzungen müßten Überschußreserven und Nettoauslandskredite tendenziell steigen. Insgesamt stellen wir fest, daß 1962 die Wachstumsraten der Multiplikatoren und der Geldbasis sich nicht stärker gegeneinander entwickelt haben als z. B. 1961, so daß auch von dieser Seite eine notwendige Bedingung für die Wirksamkeit von Kreditzuwachsbegrenzungen nicht erfüllt ist.

War Ende 1962 das Wachstum von Geld- und Kreditvolumen mit 10.2 bzw. 10.5 % nahezu gleich, entwickeln sich diese beiden Größen in den folgenden Jahren leicht auseinander. So sinkt das Geldmengenwachstum kontinuierlich ab, während sich das „Asset"volumen von Mitte 1963 bis Mitte 1964 sogar von 9 auf 9.9 % beschleunigt und von „positiven Ergebnissen"[12] der Kreditvereinbarung, die auf „Agreement"-Ebene bis zum April 64 verlängert wurde, kaum die Rede sein kann. Ausschlaggebend für die geringere Abstiegstendenz der gewinnbringenden Aktiva, die nach einer nochmaligen kurzfristigen Beschleunigung Ende 1965 bis Mitte 66 ein absolutes Wachstumstief mit + 6.3 % erreichen, ist der Einfluß des Publikumsverhaltens, das bei einer Erhöhung des Zeit- und Spareinlagenkoeffizienten positiv auf den Kreditmultiplikator wirkt, während gleichzeitig die sinkende inländische Sichtdepositenquote zwar die Geldmenge verringert, aber keinen Einfluß auf das „Asset"volumen hat.

Die SNB trachtete 1963 „im Rahmen ihrer Möglichkeiten danach, die Aufwärtsbewegung der Zinssätze zu verlangsamen. Diese zinspolitische Haltung beruhte auf der Überlegung, daß eine Zinssatzverteuerung in einer Konjunkturphase, in der die wirtschaftliche Tätigkeit Anzeichen einer Verlangsamung zu erkennen gab, unzeitgemäß und wenig sinnvoll erscheinen mußte."[13] Diese „interest target policy" drückte sich darin aus, daß die SNB mehr oder weniger untätig der Wirtschaftsentwicklung zusah, während die Internationalen Reserven IR_a u. a. über Kapitalzuströme aus Italien sich leicht beschleunigten und die Obligationenrendite i_K von 3.1 % (März 63) auf 3.54 % (Dez. 63) anstieg.

[12] 56. Geschäftsbericht 1963, S. 6.
[13] 56. Geschäftsbericht 1963, S. 8.

Das Jahr 1964 ist bei einer weiteren Aufwärtsentwicklung der Internationalen Reserven IR_a durch restriktive notenbankpolitische Maßnahmen gekennzeichnet, die in erster Linie wiederum nicht auf eine Beeinflussung des Basisgeldvolumens gerichtet sind. Aufgrund eines Bundesbeschlusses wird auf den 5. Juni 64 die Kreditbegrenzung für allgemein verbindlich erklärt. Das gleiche gilt für die Vereinbarung über die ausländischen Gelder. Auf Schweizerfranken lautende Gelder, die seit dem 1. Januar 1964 zugeflossen sind, dürfen nicht verzinst werden und der Gegenwert solcher Gelder muß bei der Nationalbank auf ein Sonderkonto eingezahlt werden, soweit er nicht im Ausland in fremder Währung angelegt wird. Weiterhin haben die Banken die Mitwirkung bei der Anlage ausländischer Gelder in schweizerischen Grundstücken und Hypotheken zu unterlassen. Inländische Wertschriften dürfen sie nur in dem Umfange an Ausländer abgeben, als solche Titel von Ausländern bei der betreffenden Bank verkauft wurden[14].

Sind im ersten Halbjahr 64 keine Wirkungen der Kredit- und Auslandsgeldermaßnahmen spürbar — die gewinnbringenden Aktiva beschleunigen sich noch, die Nettoauslandsverschuldung nimmt zu (f sinkt gering gegenüber dem Vorjahr) und die bei der SNB stillgelegten Auslandsgelder haben über die „liberated reserves" L keinen nennenswerten Einfluß —, kann in den folgenden Halbjahren zumindest ein Effekt der Abwehr und Neutralisierung der Zuflüsse ausländischer Gelder nicht von vornherein ausgeschlossen werden. Insbesondere die Nettoauslandskreditquote f steigt seit Ende 1964 kräftig an und trägt über die Multiplikatoren nicht unwesentlich zur Abschwächung von Geld- und Kreditmengenentwicklung bei. Allerdings ist zu berücksichtigen, daß der enorme Aufschwung der Auslandskreditquote f, der bis 1969 andauert (s. Abb. 2), vorwiegend nicht von politischen Aktionen, sondern durch die Entwicklung des Euromarktes determiniert zu sein scheint. So steigt allein im Zeitraum 64 II - 65 IV die Zinsarbitrage gegenüber dem Ausland $i_{EU} + w - i_K$ von $-$ .5 auf + 1 %.

Die SNB scheint im Jahre 1965 den starken restriktiven Einfluß der Nettoauslandsposition der Banken auf die Geldmenge nicht recht wahrzunehmen, sondern berichtet im wesentlichen von Mittelzuströmen aus dem Ausland, die über den Publikumsverkehr die Geldbasis erhöhen. Sie selbst verhält sich im ersten Halbjahr über eine Verminderung des inländischen Basisanteils POL_a um $-$ 1.1 % einerseits kontraktiv, andererseits lockert sie zum 1. Jan. 65 die Kreditbegrenzung, indem sie u. a. die Zuwachsraten für Hypothekaranlagen heraufsetzt. Zu erwähnen ist ferner, daß von der Refinanzierung der Banken zum Halb-

---

[14] 57. Geschäftsbericht 1964, S. 6.

jahresultimo ein positiver Effekt ausgeht. Die Banken reichen insbesondere die Anfang August 64 neu geschaffenen 3monatigen Schatzanweisungen des Bundes zum Diskont ein, so daß die Refinanzierungsquote erstmals über 1 % zum Geldmengenwachstum beiträgt.

Das Geldmengenwachstum erreicht Ende 1966 mit 2.7 % sein absolutes Minimum, während es im ersten Halbjahr 66 noch kurzfristig auf 3 % ansteigt. Die Entwicklung des „Asset"volumens ist bereits im Juni 66 auf dem Tiefstand von 6.3 % und beschleunigt sich zum Jahresende auf 7.3 %. Die kurzfristige Erhöhung der Geldmengenentwicklung Mitte 66 erklärt sich aufgrund der starken Expansion der Geldbasis, die auch von der Inlandsseite her durch Offenmarktoperationen der SNB ein wenig gestützt wird. Zum Jahresende verstärkt die SNB zwar ihre Offenmarktgeschäfte weiter, und die Pflichtdepots der Banken auf einfließende Auslandsgelder werden praktisch abgebaut, der expansive Effekt hebt aber nur schwach die kontraktive Wirkung der Erhöhung der Bundeseinlagen bei der SNB auf, so daß die Inlandskomponente POL_a im 2. Halbjahr kaum etwas zur Steigerung der Basis beiträgt. Der negative Multiplikatoreffekt, bereits im ersten Halbjahr aufgrund extrem steigender Nettoauslandskreditquote f[15] und sinkendem Refinanzierungsparameter b mit $-$ 10 % äußerst hoch, verstärkt sich zum Jahresende über das Publikumsverhalten k, z und s und kompensiert den weiteren Anstieg der Geldbasis über die Auslandskomponente IR_a, die bei einem seit langem nicht mehr erreichten Aktivüberschuß der Ertragsbilanz sich um weitere 3.6 % auf 15.4 % beschleunigt.

Nach eigener Aussage war die SNB im Berichtsjahr 1966 wiederum bestrebt, "auf Zinsausschläge nach oben mäßigend einzuwirken, doch konnte sie die einheimische Geldwirtschaft nicht gegen die Einflüsse der weltweiten Zinshausse abschirmen" (59. Geschäftsbericht, S. 8). Im Juli setzte die SNB den Diskontsatz, der zuletzt 1964 von 2 auf 2.5 % erhöht worden war, um 1 % herauf „im Sinne einer Anpassung an die Marktbedingungen" (59. Geschäftsbericht, S. 23). Interessant, daß in diesem Zusammenhang mit keinem Wort die seit 1961 erhebliche Kontraktion im Wachstum der inländischen Geldmenge erwähnt wird, die sicher nicht unerheblich die seit 1964 beschleunigte Verlangsamung in der Entwicklung der schweizerischen Konjunktur mitbestimmt hat.

Auf ihre expansiv wirkenden Offenmarktgeschäfte im Jahre 1966 nimmt die SNB nur am Rande bezug. Dagegen betont sie, daß „die Kreditexpansion im Inland ... wohl noch kräftiger ausgefallen (wäre), wenn nicht die Bestimmungen der Vereinbarung über die Kreditbegrenzung zahlreiche Institute zur Zurückhaltung in ihrer Geschäftstätigkeit

---

[15] Der Arbitragefaktor $i_{EU} + w - i_k$ erreichte einen neuen Hochpunkt mit + 1.7 %.

veranlaßt hätten“ (59. Geschäftsbericht, S. 31). Allerdings wurde die Kreditbegrenzung 1966 durch eine Erhöhung der Zuwachsraten weiter liberalisiert und im Frühjahr 1967 ganz aufgehoben. Die Anlagevorschriften für Auslandsgelder vom April 64 setzte die SNB im Oktober 66 außer Kraft, während die Nichtverzinsungsvorschriften für ausländische Frankenguthaben und die Verpflichtung der Banken zur Neutralisierung von Nettozuwächsen an Frankenverbindlichkeiten gegenüber Ausländern bis Anfang 67 weiter Geltung hatten.

Zusammenfassung

Die politische Einflußnahme der SNB über die Geldbasis war im Durchschnitt der Abstiegsperiode 1961 - 66 mit — 1.5 % gering kontraktiv und damit prozyklisch (Tab. 12). In erster Linie an der Zinsentwicklung orientiert, ließ die SNB das durchschnittliche Wachstum der Geld- und Kreditmenge von 6.7 bzw. 9.1 % von der abgeschwächten Entwicklung der Auslandskomponente IR_a über die Leistungsbilanz und den Kapitalverkehr des Publikums bestimmen.

Die SNB-Aktionen, die nicht auf eine Steuerung des Basisgeldes abzielten, waren in Form von Auslandsgelderbeschränkungen eventuell in geringem Maße geeignet, Geld- und Kreditmenge zusätzlich restriktiv zu beeinflussen.

Den Kreditzuwachsbegrenzungen kann keine Wirkung zugeschrieben werden.

Eine Unterteilung der Restriktionsperiode 62 II - 66 IV in einen ersten Abschnitt 62 II - 63 IV, in dem Zuwachsbegrenzungen auf Agreementebene vereinbart waren und einen zweiten Abschnitt 64 II - 66 IV, in dem die Kreditplafondierung zum allgemein verbindlichen Bundesbeschluß erhoben wurde (Tab. 13), macht deutlich, daß die Kovarianz von Geldbasis und Kreditmultiplikator in der letzten Phase bezogen auf die Varianz des „Asset“wachstums mit — 18 absolut am niedrigsten ist. Die vergleichbare Kovarianz für den ersten Limitierungsabschnitt 62 II - 63 IV beträgt — 21 und für die limitierungsfreie Phase 60 II bis 61 IV sogar — 42. Diese Resultate widersprechen vollständig unseren Modellimplikationen, nach denen wir in der Phase der Allgemeinverbindlichkeitserklärung die größte, in der limitierungsfreien Phase dagegen die geringste negative Kovarianz erhalten müßten (vgl. S. 48 f.).

Eine weitere interessante Beobachtung ist die bereits erwähnte Tatsache, daß bei einer durchschnittlichen Wachstumsrate der Geldbasis von 7.8 % die Entwicklung des „Asset“volumen aufgrund der unterschiedlichen Wirkung des Publikumsverhaltens weniger stark beeinträchtigt wird als das Geldvolumen (s. Tab. 12). Der Kreditmultiplikator

a wächst im Durchschnitt um $+ 1.3\,\%$, während der Geldangebotsmultiplikator m um $- 1.1\,\%$ abnimmt. Dabei wird der negative Einfluß auf m von der steigenden Auslandskreditquote f getragen, die insbesondere durch spekulative Kapitalbewegungen und die Zinsentwicklung determiniert wird[16]. Das Reserveverhalten $r + l$ ist im Durchschnitt gesunken, kann aber den negativen Effekt von f auf m nicht ausgleichen, der durch das Publikumsverhalten (Senkung von d, Erhöhung von z) noch verstärkt wird.

3. Die 2. Aufschwungsphase 1966 IV - 1968 IV

Während die schweizerische Konjunktur gemessen an der Entwicklung des Bruttosozialprodukts im Jahre 1967 noch nach unten gerichtet ist, zeigt die Geld- und Kreditmengenexpansion bereits wieder steigende Tendenz. Im Jahre 1968 beschleunigt sich die Geldmenge weiter auf einen neuen Wachstumshochpunkt und scheint deutlich zur Wiederbelebung der schweizerischen Wirtschaftsaktivität beigetragen zu haben.

Die SNB sieht ihre Situation für das Jahr 1967 wie folgt: „Die Notenbank hatte bei ihren geldpolitischen Entscheidungen der Tatsache Rechnung zu tragen, daß die nach wie vor wirksamen Teuerungsimpulse, trotz knappem Arbeitsmarkt, nicht auf einer übermäßigen Nachfrage nach Gütern und Dienstleistungen beruhen. Eine ausgeprägt restriktive Geldpolitik wäre daher den Verhältnissen nicht gerecht geworden. Sie hätte über eine Steigerung der Zinsaufwendungen und eine verminderte Ausnützung der Produktionskapazität die Kosten noch erhöht.“[17] Zu den Teuerungsimpulsen, die die SNB auf einen „cost-push“ zurückzuführen scheint, ist zu sagen, daß der Anstieg des Konsumentenpreisindex im 1. Quartal des Vorjahres zwar noch 5.4 % betrug, seitdem aber relativ kontinuierlich bis 1966 III auf 1.7 % sank. Hier hat sicher die bis 1966 lange Verzögerung des Geldmengenwachstums gewirkt.

Das tatsächliche Verhalten der SNB, die zum Jahresbeginn 1967 Kreditzuwachsbegrenzungen und Auslandsgelderbeschränkungen aufhebt, ist zwiespältig. Während ihre Offenmarktpolitik kontraktiv ausgerichtet ist, expandiert sie insbesondere über die Mindestreservekomponente L die monetäre Basis (s. Tab. 11). Im April 67 gibt die SNB ein erstes Drittel, im Dez. 67 die restlichen zwei Drittel der im Jahre 1961 in der Höhe von 1035 Millionen Fr. auf Sonderkonto gebundenen Mittel den Banken frei.

Per Saldo muß der SNB 1967 eine expansive Wirkung ihrer Mindestreservepolitik bescheinigt werden, die trotz einer Senkung der Offen-

[16] Die Zinsdifferenz zum Ausland $i_{EU} + w - i_k$ stieg mit Schwankungen von $- 1.3\,\%$ (61 II) auf $+ 1.7\,\%$ (66 IV) um 3 %.

[17] 60. Geschäftsbericht 1967, S. 14.

marktkomponente *OM* zusammen mit der Restkomponente *Ü* (in erster Linie Abbau der Bundeseinlagen) am Jahresende immerhin den inländischen Basisanteil netto um 6.4 % erhöht. Der kompensatorische Einfluß des Reserveverhaltens über den Geldmultiplikator ist diesmal vor allem auf den Einbruch des ausländischen Zinsniveaus zurückzuführen[18], der die Überschußreserven überproportional ausdehnen ließ.

War die Entwicklung der internationalen Reservekomponente u. a. aufgrund des allgemeinen weltwirtschaftlichen Tiefs im Jahre 1967 relativ gering, beschleunigte sich das Wachstum von IR_a im Konjunkturanstieg bis Ende 1968 auf 27.2 %. Entscheidend verantwortlich für diese Expansion ist die starke Zunahme der Exporte und die Verringerung der Nettoauslandsforderungen des Publikums, die interessanterweise im Gegensatz zur 1. Aufschwungsphase 1961 mit einem gleichzeitig erheblichen Anstieg der Nettoauslandsforderungen der Banken einhergeht. Während 1961 die Nettoauslandsforderungsquote *f* wegen des starken Zuflusses von Spekulationsgeldern sank und die monetäre Expansion mit + 7.5 % (61 II) verstärkte, übt sie 1968 aufgrund eines sprunghaften Anstiegs[19] mit − 11.5 % (68 IV) einen bedeutenden restriktiven Einfluß auf das Geldmengenwachstum aus. Die Nationalbank sieht sich angesichts dieser Entwicklung weniger denn je veranlaßt, aktiv einzuschreiten. Im Dezember 68 ist der Basiseffekt offenmarkt- und einlagepolitischer Maßnahmen mit − .8 % unbedeutend und wird durch die verstärkte Refinanzierung der Banken zum Jahresultimo vollends aufgehoben.

Zusammenfassung

In der 2. Aufschwungsphase tragen wie bereits im vorausgegangenen Auf- und Abschwung der kumulierte Leistungsbilanzsaldo und die Nettoauslandspositon des Publikums durchschnittlich am meisten zum Geld- und Kreditmengenwachstum bei (s. Tab. 12).

Der Multiplikatoreinfluß wirkt im Gegensatz zur ersten Aufschwungsphase antizyklisch, d. h. negativ. Er wird dominiert von dem Bankverhalten, das über $r + l$ und f seinen negativen Effekt verstärkt. Hinzu kommt ein leicht negativer Einfluß des Publikumsverhaltens, vorwiegend bestimmt durch die seit 1960 IV kontinuierlich sinkende inländische Sichtdepositenquote d.

Die Nationalbank verhält sich entsprechend ihrer Selbstdarstellung relativ passiv. Mit einer Steigerung der Inlandskomponente um durch-

---

18 Der Arbitragefaktor sank innerhalb eines Jahres von + 1.7 % (Dez. 66) auf −.7 % (Dez. 67) um 2.4 %.

19 Die Verzinsung für Dreimonatsdepots auf dem Eurodollarmarkt überstieg zum ersten Mal die 7 %-Grenze.

schnittlich 2.5 % unterstützt sie leicht die Geld- und Kreditmengenexpansion über die Geldbasis. Darüber hinaus verstärkt sie durch einen weiterhin niedrigen Diskontsatz bei steigenden Eurozinsen die Refinanzierungstendenz der Banken.

4. Monetärer Einbruch 1968 IV - 1969 II und 3. Aufschwungsphase 1969 II - 1970 IV

Das Jahr 1969 ist durch eine entgegengesetzte Entwicklung von Geldangebot und Kreditvolumen gekennzeichnet. Bei einem relativ abgeschwächten Wachstum der Geldbasis B_a von 14.5 % im ersten Halbjahr, zu dem die inländische Komponente POL_a mit — .2 % praktisch nichts beiträgt, sinkt der Geldangebotsmultiplikator um — 11.5 %, so daß die Geldmenge sich mit + 3 % enorm verlangsamt. Der Kreditmultiplikator dagegen verringert sich nur um — 4.5 % und läßt das „Asset"volumen weiter um 10.5 % ansteigen. Verantwortlich für diese konträre Tendenz sind die unterschiedlichen Reaktionen der Multiplikatoren auf das diesmal eindeutig dominierende Publikumsverhalten. Bei einer Erhöhung des Eurozinses im Juni 69 auf 10.6 %[20] bemühen sich die Banken, über eine Heraufsetzung der Passivzinsen den Zufluß ausländischer Gelder zu begünstigen, um sie wieder gewinnbringend im Ausland anlegen zu können. Der Termineinlagenkoeffizient steigt steil an, sogar der Spareinlagenkoeffizient erhöht sich leicht. Die inländische Sichtdepositenquote nimmt ab, so daß der Geldmultiplikator über die Publikumsparameter z, s und d um − 7.4 % erheblich gesenkt wird. Auf den Kreditmultiplikator wirkt sich im Gegensatz dazu die Erhöhung des Spar- und Termineinlagenkoeffizienten positiv aus, während die Senkung der Sichtdepositenquote keinen Einfluß hat. Bei dem insgesamt schwächeren Einfluß der Bankreaktionen fällt der starke Anstieg der Refinanzierungsquote auf, der bei einem extrem hohen Eurozinsniveau Resultat der Zinspolitik der SNB ist, die es im Juni 69 nicht für angezeigt hielt, „die nach oben gerichtete Zinstendenz durch eine der Entwicklung vorauseilende Erhöhung des Diskont- und Lombardsatzes zu fördern"[21].

Den unvermittelten Einbruch der inländischen Geldmengenentwicklung im ersten Halbjahr 69 registriert die SNB nicht, was im übrigen nicht verwunderlich ist, wenn man bedenkt, daß in der Schweiz neben einer seit 1967 zunehmend im Ausbau begriffenen Kreditstatistik eine Geldmengenstatistik nicht existiert. Stattdessen ist ihre Aufmerksamkeit, wie bereits in den vergangenen Jahren, weiter auf das Kreditvolumen gerichtet.

[20] Die Zinsarbitrage erreicht mit + 3.6 % den höchsten Stand im Beobachtungszeitraum.

[21] 62. Geschäftsbericht 1969, S. 16.

Im Herbst 69 schließt die SNB zu Beginn der 3. Aufschwungsphase des Geldzyklus mit den Banken eine Vereinbarung über die Kreditbegrenzung ab, die mit einer Geltungsdauer von zwei Jahren am 1. September 69 in Kraft tritt. Gegenüber den vorausgegangenen Kreditabkommen 1962 — 66 unterscheidet sich diese Regelung zunächst durch den hohen Verbindlichkeits- und Beteiligungsgrad (nahezu alle Kreditinstitute mit einer Bilanzsumme von mehr als 20 Mill. Fr. nehmen teil). Weiterhin werden anstelle der bisherigen Quotenfestlegung für einzelne Kreditarten globale Zuwachsraten in der Höhe zwischen 9 und 11 % vereinbart. Schließlich ist für die Kreditbegrenzung nicht mehr der Wohnsitz des Schuldners (Domizilprinzip), sondern der Verwendungsort (Verwendungsprinzip) maßgebend. Aufgrund der Verstärkung der inflatorischen Auftriebskräfte über das Jahresende 1969/70 werden ab 1. Februar 1970 die zulässigen Kreditzuwachsraten um 15 % herabgesetzt, so daß sich für alle Banken eine durchschnittliche Zuwachsrate von 8.25 % ergibt.

Überprüfen wir die Wirkungen der Kreditzuwachsbegrenzung, dieses „zentralen Instruments im Kampf um die Geldwerterhaltung", in der beobachteten Periode, fällt auf, daß die gewinnbringenden Aktiva bis zur Jahresmitte 70 eine leicht sinkende Tendenz (von 10.5 auf 8.9 %) aufweisen, um sich Ende Dezember 70 auf 9.6 % zu beschleunigen. Die Verlangsamung der gewinnbringenden Aktiva bis 1970 II korrespondiert mit einer stark verzögerten Entwicklung der kumulierten Leistungsbilanz (die Importe nehmen im Boom überproportional zu) und der Aktivierungstendenz des Publikumskapitalverkehrs. Verstärkt durch den restriktiven Einfluß der Inlandskomponenten (insbesondere Erhöhung des Bundeskontos und Mindestreserven des Postschecks) sinkt die bereinigte Geldbasis Mitte 1970 sogar absolut um — 1.5 %. Geld- und Kreditmultiplikator steigen bis 1970 steil an, vor allen Dingen bedingt durch Außeneinflüsse (D-Mark Aufwertung 1969, Senkung des ausländischen Zinsniveaus). Als Ende 1970 die Geldbasis sich wieder kräftig über die internationale Reservekomponente IR_a erhöht, beschleunigt sich auch das „Asset"volumen von neuem. Auf dem Hintergrund dieser Beobachtungen kann eine weit überdurchschnittliche negative Kovarianz zwischen Geldbasis und Kreditmultiplikator, wie wir sie in Tab. 13 für die Limitierungsphase 69 - 70 festellen, nicht ohne weiteres als positive Evidenz für die Wirkung von Kreditzuwachsbegrenzungen gewertet werden. Eine negative Kovarianz ist lediglich notwendige, aber nicht hinreichende Bedingung für die Effizienz von Kreditplafondierungen.

In Tab. 14 haben wir die inländischen gewinnbringenden Aktiva GA_I weiter aufgespalten in die inländische Kredittätigkeit KR_I von 178

Banken mit einer Bilanzsumme über 50 Mill. Fr[22] und in einen Restposten übrige gewinnbringende inländische Aktiva *OA*. Der Wachstumsbeitrag der inländischen Kredite der wichtigsten Banken in der Schweiz zeigt von 1968 IV bis 1970 II trotz im Jahre 1969 eingeführter Kreditlimitierung aufsteigende Tendenz bei gleichzeitigem relativen Wachstumsrückgang der übrigen inländischen „Assets". In der Jahresmitte 1970 übersteigt das Wachstum der Bankkredite KR_I mit 9.0 % sogar die Entwicklung der gesamten gewinnbringenden Aktiva, während die übrigen Aktiva *OA* absolut zurückgehen. Lediglich im Dezember 70 verlangsamt sich die inländische Kredittätigkeit der größeren Banken auf 7 %. Zugleich aber steigen die übrigen gewinnbringenden Aktiva um 2.6 % an und überkompensieren den Wachstumsrückgang der Kredite, so daß die totalen inländischen „earning assets" sich von 8.9 % auf 9.6 % wieder beschleunigen. Die von den Zuwachsbeschränkungen hauptsächlich betroffenen inländischen Kredite der Banken mit über 50 Mill. Fr Bilanzsumme scheinen sich also in der kurzen Beobachtungsperiode zumindest ab Juni 69 in ihren relativen Wachstumsbeiträgen gegenläufig zu der Entwicklung der totalen gewinnbringenden Aktiva verhalten zu haben. Diese Beobachtung schließt aber in unserem Fall die beabsichtigte Wirkung von Kreditzuwachsbegrenzungen auf die monetären Aggregate „Asset"- und Geldvolumen aus.

Zusammenfassend stellen wir für die letzte Aufschwungsphase des Geldzyklus fest, daß die Politik der Notenbank, deutlich am Kredittarget orientiert, nicht ausreicht, insbesondere die Geldmengenentwicklung einzudämmen. Das Geldangebot beschleunigt sich trotz begrenzter mindestreserve-, offenmarkt- und einlagepolitischer Maßnahmen Mitte und Ende 1970 und dürfte wesentlich zu der am Jahresende 1970 seit Jahrzehnten höchsten Teuerungsrate von 5.42 % beigetragen haben.

[22] Seit 1967 von der SNB nach dem Domizilprinzip erhoben (Monatsbericht, Tab. 41 a).

VI. Zusammenfassung der empirischen Ergebnisse: Strukturen und Trends

Wurde bereits im analytischen Teil der Arbeit gezeigt, daß grundsätzlich auch in einer auslandsabhängigen Volkswirtschaft wie der Schweiz die Lenkung monetärer Prozesse möglich ist, so scheinen die empirischen Resultate im letzten Kapitel diese Hypothese nicht zu widerlegen. Im folgenden fassen wir die wichtigsten Beobachtungen thesenartig zusammen und versuchen, allgemeine Strukturen und längerfristige Trends über zusätzliche empirische Evidenz (Schätzung der semireduzierten Geldangebotsgleichung) herauszuarbeiten.

(1) Der ausländische Kapitalverkehr des Publikums wird in Übereinstimmung mit dem theoretischen Konzept der SNB[1] kurzfristig von politischen Maßnahmen nicht signifikant beeinflußt. Zumindest läßt sich im Geldmengenzyklus eine solche Tendenz nicht nachweisen (s. Tab 12)[2]. Da die kumulierte Leistungsbilanz bereits von der Definition her als Integral über vergangene Strömungssalden von laufenden Geldangebotsprozessen unabhängig ist, kann die bereinigte Geldbasis von der Nationalbank kontrolliert werden.

(2) Basisgeld und Multiplikator entwickeln sich zwar deutlich in entgegengesetzter Richtung (s. Abb. 3 und 5), die Schätzergebnisse für die semireduzierte Form[3] aber zeigen u. a., daß der Nettoeffekt einer Basis-

---

[1] Die SNB behauptet lediglich, daß die Nettoauslandsforderungen der Banken hochempfindlich auf politische Basisgeldänderungen reagieren.

[2] Wenn der Publikumsverkehr von politischen Variablen beeinflußt wird, dann müßte IR_a z. B. in der ersten Aufstiegsphase 60 II - 61 IV bei einer erheblichen durchschnittlichen Kontraktion der Komponenten POL_a von $-14.5\,\%$ stärker ansteigen als in der zweiten Aufschwungsperiode 66 IV - 68 IV, in der die Inlandskomponente POL_a um $+\,2.5\,\%$ expandiert. Tatsächlich aber erhöht sich die Auslandskomponente IR_a in der ersten Phase nur um $+\,14.7\,\%$, während sie sich in der zweiten Phase auf 17.8 % beschleunigt. Ähnliche negative Evidenz läßt sich für die übrigen Perioden aufzeigen (s. Tab. 12).

[3] Da wir nur 24 Stichprobenbeobachtungen haben, wurden in der Schätzfunktion eine geringere Anzahl von unabhängigen Variablen ausgewiesen als in die theoretische Ableitung der semireduzierten Form (Gleichung 27) eingehen. Auf diese Weise konnten genügend Freiheitsgrade bewahrt werden. Der „lag" der Einkommensvariablen von $-\frac{1}{8}$ (= 1,5 Monate) erklärt sich daher, daß die für die „flow"größe Sozialprodukt vorliegenden Quartalswerte jeweils theoretisch der Quartalsmitte zugeordnet wurden. Die hohe Elastizität der Geldmenge in bezug auf das Volkseinkommen bei erwartetem negativen Einfluß des Eurozinses liegt wahrscheinlich in der starken Einkommensreagibilität der Publikumsparameter, wie z. B. des Spareinlagenkoeffizienten, begründet.

änderung auf die Geldmenge positiv ist und innerhalb der von uns postulierten Grenzen + .16 und + 1 liegt (s. S. 56).

Gesamtperiode (1. Halbjahr 1959 bis 2. Halbjahr 1970)

$$\ln M = -5.363 + .164 \ln B_a + 1.299 \ln \left(\frac{Y}{p}\right)_{-\frac{1}{8}}$$

$$(-\ 6.671)\ (+\ 2.865)\ (+\ 12.686)$$

$$-\ .096 \ln i_{EU} \qquad r^2 = .982 \text{ (Korrelationskoeffizient)}$$

$$(-\ 1.838)$$

(Die in Klammern angegebenen Zahlen bezeichnen die t-Werte.)

Damit ist die Behauptung der SNB von der Unmöglichkeit der Geldmengenkontrolle über die Geldbasis (s. Tab. 2, S. 56) zumindest für den Durchschnitt der gesamten Beobachtungsperiode falsifiziert. Bestätigt hingegen werden die Schätzresultate von *Heidi Schelbert,* die in einem modifizierten analytischen Ansatz für die Nachkriegsperiode 1. Quartal 1947 bis 2. Quartal 1963 in der Schweiz u. a. nachgewiesen hat, „daß Offenmarktoperationen wirksam sind und nötigenfalls durch eine geeignete Schuldenrückzahlungspolitik des Bundes ersetzt werden können“[4].

(3) Da die SNB an der Zinsentwicklung und am Kreditzuwachs orientiert ist, nimmt sie die Möglichkeit einer wirksamen Basiskontrolle über den totalen Zeitraum betrachtet, nicht wahr. Sie kontrahiert die Inlandskomponente POL_a durchschnittlich nur um − 2.0 % bei einem gleichzeitigen Wachstum des Außenbeitrags IR_a von 12.2 % (Tab. 12). In einigen wenigen Unterperioden allerdings (61 II, 61 IV, 70 II) hat die SNB den Einfluß von IR_a auf die Basisentwicklung überkompensiert (Tab. 11). Im Jahre 62 erklärt die Inlandskomponente außerdem immerhin fast 50 % des Basiswachstums.

(4) Offenmarktoperationen und Erhöhungen des Einlagenkontos des Bundes, aufgrund verzögerter Schuldenrückzahlung, haben einen stärkeren restriktiven Effekt auf Geld- und Kreditmenge als mindestreservepolitische Maßnahmen, da Steigerungen der Mindestanforderungen zusätzlich einen expansiven Einfluß über die Multiplikatoren (Abbau von Überschußreserven) ausüben.

(5) Während den „traditionellen“ notenbankpolitischen Aktionen signifikante Wirkungen auf Geld- und Kreditmenge zugeschrieben werden müssen, scheinen Kreditzuwachsbegrenzungen überhaupt keinen und Maßnahmen gegen Auslandsgelder beschränkten Einfluß auf die monetären Aggregate ausgeübt zu haben. Dieses Resultat steht in krassem Widerspruch zu den Vorstellungen der SNB, die gerade in den letzten beiden Instrumenten erhebliche Lenkungsmöglichkeiten erblickt.

---

4 *Schelbert* (1967), S. 133.

(6) Bei erheblichen Schwankungen in der Geldbasisentwicklung verlaufen Geld- und Kreditmengenwachstum nahezu parallel. Die Geldbasis trägt zur Entwicklung der gewinnbringenden Aktiva weniger als zur Geldmengenexpansion bei (Tab. 9 und 10), da sich beobachtete Änderungen im Portfolioverhalten des in- und ausländischen Publikums auf den Kreditmultiplikator im allgemeinen stärker positiv auswirken. Lediglich in Perioden, in denen das Bankverhalten weit überragend dominiert (61 IV, 68 II, 68 IV) oder der Spareinlagenkoeffizient überproportional sinkt (70 IV), liegt das Wachstum des „Asset"-volumens unter der Geldangebotsexpansion. Diese Beobachtungen stützen unsere Modellimplikationen, daß die Kreditmengenelastizität in bezug auf die bereinigte Basis im Durchschnitt geringer ist als die entsprechende Geldmengenelastizität.

(7) Der Geldmultiplikator wird in Auf- und Abstiegsphasen von den Verhaltensreaktionen der Banken beherrscht. Ausgenommen ist die letzte Aufschwungsphase 69 II - 70 IV, in der der Einfluß des Publikumverhaltens überwiegt (Tab. 12). Über die Gesamtperiode betrachtet, trägt das Bankverhalten zum Geldmengenwachstum etwa doppelt soviel wie das Publikum bei. Trotz der im Durchschnitt bestimmenden Wirkung der Bankparameter beobachten wir wichtige Unterperioden (Tab. 9), in denen die Bankreaktionen sich lediglich in einer Umschichtung des Portfolio ausdrücken (60 II, 60 IV, 63 IV, 64 II).

(8) Die Elastizitäten der Multiplikatoren in bezug auf ihre approximativen Determinanten (Tab. 15 und 16) sind relativ stabil. Auffällig sind nur die erheblichen Schwankungen in den Multiplikatorreaktionen auf Änderungen der Nettoauslandsposition der Banken und der etwa seit 1967 beschleunigte Abstieg der Geldmultiplikatorelastizität in bezug auf den Kassenhaltungskoeffizienten.

VII. Schlußfolgerungen

Stellte *Heidi Schelbert* in ihrer empirischen Untersuchung der Geldmarktprozesse in der Schweiz fest, daß zumindest in bezug auf die Geldnachfrage der „Sonderfall Schweiz“ nicht zu existieren scheint[1], können wir diese Aussage auf Geldangebot und „Asset“volumen ausdehnen.

Grundlegende strukturelle Unterschiede zu anderen Ländern[2] konnten für Geldangebots- und Kreditmarktprozesse in der Schweiz nicht gefunden werden.

Die Wirkung von notenbankpolitischen Maßnahmen, insbesondere über eine Lenkung der Geldbasis, scheint durch Auslandseinflüsse abgeschwächt[3], nicht aber aufgehoben.

Wenn wir dennoch für die Jahre 1959 - 70 einen nur geringen Einfluß der Nationalbankpolitik feststellen, so ist dies Ausdruck der Tatsache, daß die SNB eine auf den Kreditmarkt gerichtete Politik verfolgt hat, die selbst auf einer von Widersprüchen nicht freien theoretischen Konzeption basiert.

---

1 *Schelbert* (1967), S. V.

2 Vgl. z. B. die Arbeiten von *Brunner-Meltzer* (1968) für die USA, von *Meltzer* (1959) und *Schui* (1972) für Frankreich, *Neumann* (1970), *Siebke-Willms* (1970) und *Willms* (1971) für die Bundesrepublik Deutschland und *Fratianni* (1971; 1972) für Italien.

3 Die allerdings nur bedingt vergleichbare Geldmengenelastizität in bezug auf die Geldbasis z. B., die von *Willms* für die BRD berechnet wurde, beträgt + .228. Vgl. *Willms*, Manfred (1971) S. 20.

Anhang

Anhang I: Tabellen und Schaubilder

Tabelle 3

Bilanz der Schweizerischen Nationalbank (SNB)*

Dez. 1968 (in Millionen Fr)

Internationale Reserven der SNB	*18 529*	*Notenumlauf*	*12 047*
Gold und Devisen	16 957	*Täglich fällige Verbindlichkeiten gegen Banken, Handel und Industrie*	*5 776*
Ausländische Schatzanweisungen in sFr	1 442		
Kursgesicherte Guthaben bei ausländischen Notenbanken	108	*Girorechnungen von Banken mit vorübergehender zeitlicher Bindung (bis 1967)*	–
Ausländische Korrespondenten	22		
		Pflichtdepots (bis 1967)	–
Eigene Wertschriften	*180*		
		Sonderkonto PTT (erst seit 1970)	–
Refinanzierung	*549*		
Wechsel	282		
Schatzanweisungen des Bundes	7	*Übrige täglich fällige Verbindlichkeiten (insbesondere Einlagen der öffentlichen Hand)*	*638*
Lombardvorschüsse	160		
Inländische Korrespondenten	100	*Verbindlichkeiten auf Zeit (Sterilisierungsreskriptionen)*	*233*
Nettoposition	*– 564*		
Sonstige Aktiva	57		
(–) Eigene Gelder	– 60		
(–) Sonstige Passiva	– 561		
	18 694		18 694

* *Quelle:* Monatsberichte der SNB, Tabelle 1.

Tabelle 4

Konsolidierte Geschäftsbankenbilanz*

Dez. 1968 (in Millionen Fr)

Kasse			*8 794*		Checkrechnungen und Kreditoren auf Sicht (einschließlich ausländische Bankenkreditoren auf Sicht)	*28 754*
Noten			1 258		Inländische Checkrechnungen und Kreditoren auf Sicht	13 228
Giroguthaben bei der SNB	*GB*		5 076		Ausländische Checkrechnungen und Kreditoren auf Sicht	15 526
Postscheckguthaben			584			
Andere Kassenbestände	*AKB*		1 876			
Ausländische Kasse (insbesondere Gold)		1 597		*Z*	*Kreditoren auf Zeit (einschließlich ausländische Bankenkreditoren auf Zeit)*	*26 410*
Übrige Kasse		279				
Netto-Gewinnbringende Aktiva Ausland	$NGAB_A$		*3 793*	*S*	*Spareinlagen, Depositen und Einlagehefte, Kassenobligationen und -scheine*	*55 222*
Gewinnbringende Aktiva Inland	GAB_I		*90 970*	*RF*	*Refinanzierung*	*549*
				OL	*Übrige Verpflichtungen*	*22 664*
				$-PB_A$	*Ausländische Passiva*	*– 30 042*
			103 557			103 557

* Die Konsolidierung wurde aufgrund der Angaben in „Das Schweizerische Bankwesen im Jahre 1970“, Zürich 1971, Tab. 3, 31, 34 und aufgrund eigener Berechnungen der Auslandspositionen vorgenommen.

Tabelle 5

Bilanz des Postscheckdienstes

Dez. 1968 (in Millionen Fr)

Kassenbestände[a] *(Noten und Münzen)*	*472*	*PC*	*Sichteinlagen*[b]	*4 887*
			der Banken[c]	584
Sonderkonto PTT (seit 1970)	—		des Publikums	4 303
Gewinnbringende Aktiva[d] *GAPC* (Sichtguthaben beim Eidgenössischen Finanzdepartement, Obligationen, Darlehen an die Eidgenossenschaft, diverse Forderungen	*4 415*			
	4 887			4 887

Quellen:

[a] Private Mitteilung der PTT-Finanzverwaltung, Bern

[b] Monatsberichte der SNB, Tab. 47

[c] Das Schweizerische Bankwesen im Jahre 1968, S. 48

[d] Als Restposten ermittelt

Tabelle 6

Konsolidierte Bilanz der Geschäftsbanken und des Postschecks

Dez. 1968 (in Millionen Fr)

BB	*Basisgeld*		*8 682*	*D*	*Gesamte Einlagen*		*114 689*
	Banknoten	*NB*	1 730		*Sichteinlagen*	*DD*	*33 057*
	Giroguthaben bei der SNB (einschließlich Sonderkonto PTT seit 1970)	*GB*	5 076		Inländische Sichteinlagen	DD_I	17 531
	Andere Kassenbestände	*AKB*	1 876		Ausländische Sichteinlagen	DD_A	15 526
$NGAB_A$	*Netto-Gewinnbringende Aktiva Ausland*		*3 793*		*Kreditoren auf Zeit*	*Z*	*26 410*
	Gewinnbringende Aktiva Ausland	GAB_A	33 835		*Spareinlagen*	*S*	*55 222*
(–)	Ausländische *Passiva*	PB_A	–30 042	*RF*	*Refinanzierung*		*549*
GA_I	*Gewinnbringende Aktiva Inland*		95 385	*OL*	*Übrige Verpflichtungen*		*22 664*
	Gewinnbringende Aktiva der Banken	GAB_I	90 970	$-PB_A$	*Ausländische Passiva*		*–30 042*
	Gewinnbringende Aktiva der Postschecks	*GAPC*	4 415				
			107 860				107 860

Tabelle 7

Monetäre Basis

Dez. 1968 (in Millionen Fr)

Entstehung			Verwendung		
IR	*Internationale Reserven*	*20 126*	*N*	*Notenumlauf*	*12 047*
	Internationale Reserven der SNB	18 529	*TVBH*	*Täglich fällige Verbindlichkeiten gegen Banken, Handel und Industrie*	*5 776*
	Internationale Reserven der Banken	1 597	*ZB*	*Girorechnungen von Banken mit vorübergehender zeitlicher Bindung (bis 1967)*	
OM	*Offenmarktpolitik*	*— 53*		*Pflichtdepots (bis 1967)*	
	Eigene Wertschriften	180		*Sonderkonto PTT (seit 1970)*	—
	(—) Sterilisierungsreskriptionen	— 233	*AKB*	*Andere Kassenbestände der Banken*	*1 876*
RF	*Refinanzierung*	*549*		Ausländisches Basisgeld	1 597
Ü	*Übrige Posten*	*— 923*		Übrige Kassenbestände	279
	Nettoposition	— 564			
	(—) Übrige täglich fällige Verbindlichkeiten	— 638			
	Übrige Kassenbestände der Banken	279			
B		19 699	*B*		19 699

Tabelle 8

Konsolidierte Bilanz des gesamten schweizerischen Bankensystems

Dez. 1968 (in Millionen Fr)

B_a	*Bereinigte Basis*	*22 216*	*BP*	*Basisgeld des Publikums*		*11 017*
				Noten des Publikums	*NP*	10 317
				Girorechnungen von Handel und Industrie	*TVH*	700
GA_I	*Gewinnbringende Aktiva Inland*	95 385	*DD*	*Sichteinlagen*		*33 057*
			DD_I	Inländische Sichteinlagen		17 531
			DD_A	Ausländische Sichteinlagen		15 526
			Z	*Kreditoren auf Zeit*		*26 410*
			S	*Spareinlagen*		*55 222*
			OL	*Übrige Verpflichtungen*		*22 664*
			$-PB_A$	*Gesamte ausländische Passiva*		*−30 042*
			L	*„Liberated Reserves"*		*− 727*
		117 601				117 601

Tabelle 9: **Wachstum der inländischen Geldmenge und ihre Komponenten 1960 II - 1970 IV jeweils gegenüber dem Vorjahreswert in %**

Datum	inländische Geldmenge	Beitrag der Komponenten										
		Geldbasis bereinigt	Geldangebotsmultiplikator	Beiträge des Bankverhalten	Beiträge des Publikumverhalten	Reserveverhalten	Refinanzierungsquote	Nettoauslandkreditquote	Kassenhaltungkoeffizient	inländ. Depositenquote	Zeiteinlagenkoeffizient	Spareinlagenkoeffizient
	M	B_a	m	$c = r + l - b + f$	$k, d, z + s$	$r + l$	b	f	k	d	z	s
1960 II	6.4	4.8	1.6	.3	1.3	7.4	.2	— 7.3	.5	1.4	— .3	— .3
1960 IV	9.3	8.3	1.0	— .4	1.4	3.6	— .2	— 3.8	1.7	— .3	— .5	.5
1961 II	11.6	— 1.7	13.3	12.9	.4	5.5	— .1	7.5	1.4	—1.4	— .5	.9
1961 IV	13.4	—10.6	24.0	21.3	2.7	14.6	.4	6.3	3.1	—1.4	— .1	1.1
1962 II	12.0	1.4	10.6	9.0	1.6	3.9	.1	5.0	2.2	—1.1	— .2	.7
1962 IV	10.2	9.7	.5	— .9	1.4	— 4.5	.6	3.0	1.8	— .6	— .1	.3
1963 II	8.0	10.3	— 2.3	— 1.4	— .9	1.7	.0	— 3.1	1.0	—1.9	— .3	.3
1963 IV	7.1	8.4	— 1.3	.2	—1.5	.8	.0	— .6	— .3	— .8	— .4	.0

1964 II	5.9	7.0	— 1.1	.0	—1.1	— .9	.2	.7	1.0	—1.8	— .5	.2
1964 IV	4.8	11.5	— 6.7	— 4.9	—1.8	— 1.8	— .1	— 3.0	.3	—1.7	— .3	— .1
1965 II	3.8	11.8	— 8.0	— 5.6	—2.4	— .5	1.2	— 6.3	—1.1	— .3	— .3	— .7
1965 IV	2.8	7.9	— 5.1	— 5.4	.3	1.6	— .8	— 6.2	1.6	— .5	— .3	— .5
1966 II	3.0	13.0	—10.0	— 8.8	—1.2	1.2	—1.1	— 8.9	.3	— .2	— .8	— .5
1966 IV	2.7	15.7	—13.0	— 9.9	—3.1	.3	.6	—10.8	—1.4	— .1	— .8	— .8
1967 II	3.6	14.6	—11.0	— 7.1	—3.9	— 1.9	— .3	— 4.9	.2	—3.2	— .8	— .1
1967 IV	5.5	17.6	—12.1	— 9.3	—2.8	— 7.3	— .5	— 1.5	1.4	—3.7	— .6	.1
1968 II	10.2	27.1	—16.9	—16.2	— .7	— 7.2	— .2	— 8.8	1.4	—3.3	.2	1.0
1968 IV	11.4	26.4	—15.0	—16.4	1.4	— 5.7	.8	—11.5	1.0	— .9	— .0	1.3
1969 II	3.0	14.5	—11.5	— 4.1	—7.4	.3	5.2	— 9.6	.2	—3.6	—3.4	— .6
1969 IV	6.1	7.8	— 1.7	2.8	—4.5	1.9	1.7	— .8	.8	—1.6	—4.3	.6
1970 II	7.4	— 1.5	8.9	11.0	—2.1	.1	—2.9	13.8	.9	—3.9	—1.2	2.1
1970 IV	11.5	19.3	— 7.8	— 9.0	1.2	2.2	—1.8	— 9.4	.7	—1.7	— .1	2.3

Tabelle 10

Wachstum der inländischen gewinnbringenden Aktiva und ihre Komponenten 1960 II - 1970 IV gegenüber dem Vorjahr in %

Datum	GA_I	B_a	a
1960 II	8.4	4.8	3.6
1960 IV	10.8	8.3	2.5
1961 II	12.5	— 1.7	14.2
1961 IV	12.5	—10.6	23.1
1962 II	12.2	1.4	10.8
1962 IV	10.5	9.7	.8
1963 II	9.0	10.3	— 1.3
1963 IV	9.3	8.4	.9
1964 II	9.9	7.0	2.9
1964 IV	7.9	11.5	— 3.6
1965 II	7.4	11.8	— 4.4
1965 IV	7.9	7.9	.0
1966 II	6.3	13.0	— 6.7
1966 IV	7.3	15.7	— 8.4
1967 II	7.7	14.6	— 6.9
1967 IV	7.5	17.6	—10.1
1968 II	7.8	27.1	—19.3
1968 IV	9.4	26.4	—17.0
1969 II	10.5	14.5	— 4.0
1969 IV	9.8	7.8	2.0
1970 II	8.9	— 1.5	10.4
1970 IV	9.6	19.3	— 9.7

Erläuterungen zu Tabelle 9 und 10:

Die jährlichen Wachstumsraten in Tabelle 9 und 10 wurden ausgehend von den Gleichungen (21) und (24) berechnet nach der Formel:

$$\frac{\Delta \ln M}{t} = \frac{\Delta \ln B_a}{t} + \frac{\Delta \ln m}{t} \quad \text{und} \quad \frac{\Delta \ln GA_l}{t} = \frac{\Delta \ln B_a}{t} + \frac{\Delta \ln a}{t}.$$

Der Operator Δ steht für die absolute Differenz der betreffenden Variablen zwischen Ende und Anfang der zugrunde gelegten Periode. Dabei wird unterstellt, daß die Variablen sich innerhalb der Periode nach einer Exponentialfunktion entwickeln.

Die Wachstumsbeiträge des Geldmultiplikators m werden entsprechend einem mündlichen Hinweis von Karl *Brunner* und Allan *Meltzer* nach folgender Formel weiter in die Beiträge der Multiplikatorkomponenten zerlegt:

Beitrag von k

$$\Delta \ln m = \ln m\,(k_t, d_t, r_t + l_t, \mathfrak{b}_t, \mathfrak{f}_t, z_t, s_t) - \ln m\,(k_0, d_t, r_t + l_t, \mathfrak{b}_t, \mathfrak{f}_t, z_t, s_t)$$

Beitrag von d

$$+ \ln m\,(k_0, d_t, r_t + l_t, \mathfrak{b}_t, \mathfrak{f}_t, z_t, s_t) - \ln m\,(k_0, d_0, r_t + l_t, \mathfrak{b}_t, \mathfrak{f}_t, z_t, s_t)$$

$$+ \ldots \qquad - \ln m\,(k_0, d_0, r_0 + l_0, \mathfrak{b}_0, \mathfrak{f}_0, z_0, s_0)\ .$$

Der Index 0 bezeichnet den Wert der Variablen am Anfang, der Index t den Wert am Ende der Periode. Die Reihenfolge der Variablen hat keinen nennenswerten Einfluß auf die Größenordnung der Beiträge.

Tabelle 11

Wachstum der bereinigten Geldbasis und ihre Entstehungskomponenten 1960 II - 1970 IV jeweils gegenüber dem Vorjahr in %

$$\Delta \ln B_a = \sum \frac{\Delta x}{\Delta B_a} \Delta \ln B_a \text{ für } x = IR_a, POL_a \text{ bzw. } OM, L, Ü$$

Datum	Geldbasis bereinigt B_a	Außenkomp. bereinigt IR_a	Inlandkomp. bereinigt POL_a	Offenmarktpolitik OM	Mindestreservepolitik L	Übrige Komponente $Ü$
1960 II	4.8	5.4	— .6	— .0	—	— .6
1960 IV	8.3	15.5	— 7.2	—4.3	—	—2.9
1961 II	— 1.7	24.2	—25.9	—4.6	—11.8	—9.5
1961 IV	—10.6	13.6	—24.2	1.1	—19.9	—5.4
1962 II	1.4	.7	.7	—	— 8.3	9.0
1962 IV	9.7	5.0	4.7	— .9	—	5.6
1963 II	10.3	7.7	2.6	—	—	2.6
1963 IV	8.4	8.2	.2	.2	—	— .0
1964 II	7.0	7.9	— .9	.2	— .1	—1.0
1964 IV	11.5	11.1	.4	— .6	— .0	1.0
1965 II	11.8	12.9	— 1.1	— .5	.0	— .6
1965 IV	7.9	8.0	— .1	—1.2	— .1	1.2
1966 II	13.0	11.8	1.2	1.1	.0	.1
1966 IV	15.7	15.4	.3	2.3	.1	—2.1
1967 II	14.6	13.3	1.3	—1.1	2.4	.0
1967 IV	17.6	11.2	6.4	—1.0	6.6	.8
1968 II	27.1	21.7	5.4	— .0	3.8	1.6
1968 IV	26.4	27.2	— .8	1.6	—	—2.4
1969 II	14.5	14.7	— .2	1.6	—	—1.8
1969 IV	7.8	7.6	.2	.1	—	.1
1970 II	— 1.5	1.9	— 3.4	— .2	— .3	—2.9
1970 IV	19.3	21.8	— 2.5	— .1	— .7	—1.7

Tabelle 12: **Durchschnittliches Wachstum von Geld- und Kreditmenge und ihre Komponenten in Perioden monetärer Akzeleration und Dezeleration 1960 II bis 1970 II in Prozenten***

Perioden	POL_a	IR_a	B_a	a	GA_l	M	m	$r+l-b+f$	$k, d, z+s$	$r+l$	b	f	k	d	z	s	$z+s$
60 II - 70 IV	-2.0	12.2	10.2	-.9	9.3	7.3	-2.9	-1.9	-1.0	.7	.1	-2.7	.8	-1.5	-.7	.4	-.3
Gesamtperiode ..	-27.4	167.1	139.7			100	-39.7	-26.0	-13.7	9.6	1.4	-37.0	10.9	-20.5	-9.6	5.5	-4.1
60 II - 61 IV	-14.5	14.7	.2	10.9	11.1	10.2	10.0	8.5	1.5	7.8	.1	.6	1.7	-.4	-.4	.6	.2
Aufschwung	-142.1	144.1	2.0			100	98.0	83.3	14.7	76.4	1.0	5.9	16.7	-3.9	-3.9	5.9	2.0
61 IV - 66 IV	-1.5	9.3	7.8	1.3	9.1	6.7	-1.1	-.6	-.5	1.5	.1	-2.2	.8	-.9	-.4	.0	-.4
Abschwung	-22.4	138.8	116.4			100	-16.4	-8.9	-7.5	22.4	1.5	-32.8	11.9	-13.4	-6.0	.0	-6.0
66 IV - 68 IV	2.5	17.8	20.3	-12.3	8.0	6.7	-13.6	-11.8	-1.8	-4.4	.1	-7.5	.5	-2.2	-.4	.3	-.1
Aufschwung	37.3	265.7	303.0			100	-203.0	-176.1	-26.9	-65.7	1.5	-111.9	7.5	-32.9	-6.0	4.5	-1.5
68 IV - 69 II	-.5	21.0	20.5	-10.5	10.0	7.2	-13.3	-10.3	-3.0	-2.7	3.0	-10.6	.6	-2.3	-1.7	.4	-1.3
Abschwung	-7.0	291.7	284.7			100	-184.7	-143.0	-41.7	-37.5	41.7	-147.2	8.3	-31.9	-23.6	5.5	-18.1
69 II - 70 IV	-1.5	11.5	10.0	-.3	9.7	7.0	-3.0	.2	-3.2	1.1	.6	-1.5	.6	-2.7	-2.2	1.1	-1.1
Aufschwung	-21.4	164.3	142.9			100	-42.9	2.8	-45.7	15.7	8.5	-21.4	8.5	-38.5	-31.4	15.7	-15.7

* Die Prozentzahlen in der zweiten Zeile der jeweils aufgeführten Periode beziehen sich auf das Geldmengenwachstum (= 100 %).

Tabelle 13

Varianzzerlegung des Wachstums der inländischen gewinnbringenden Aktiva für Phasen inländischer Kreditzuwachsbegrenzungen und für limitierungsfreie Phasen

Perioden	var $\Delta \ln GA_I$	var $\Delta \ln B_a$	var $\Delta \ln a$	2 cov $\Delta \ln B_a$, $\Delta \ln a$
1960 II - 1961 IV	2.8	50.8	70.5	−118.4
keine Limitierung	1	18	25	−42
1962 II - 1963 IV	1.6	12.6	22.0	−33.2
Limitierung (Agreement)	1	8	14	−21
1964 II - 1966 IV	1.2	8.3	14.2	−21.2
Limitierung (allgemein verbindlich)	1	7	12	−18
1967 II - 1969 II	1.4	30.4	34.5	−63.5
keine Limitierung	1	22	25	−46
1969 IV - 1970 IV	.15	72.3	67.9	−140.1
Limitierung (allgemein verbindlich)	1	482	453	−934

Tabelle 14

Beitrag der inländischen Kredittätigkeit der Banken zum Wachstum der inländischen gewinnbringenden Aktiva* in % gegenüber dem Vorjahr 1968 IV bis 1970 IV

Datum	Inländische gewinnbringende Aktiva GA_I	Inländische Kredite von 178 Banken KR_I 178	Übrige gewinnbringende inländische Aktiva OA
1968 IV	9.4 100	5.9 62.8	3.5 37.2
1969 II	10.5 100	7.7 73.3	2.8 26.7
1969 IV	9.8 100	8.8 89.8	1.0 10.2
1970 II	8.9 100	9.0 101.1	– .1 – 1.1
1970 IV	9.6 100	7.0 72.9	2.6 27.1

* Die Zerlegung erfolgt nach der Formel:

$$\Delta \ln GA_I = \frac{\Delta KR_I\ 178}{\Delta GA_I} \Delta \ln GA_I + \frac{\Delta OA}{\Delta GA_I} \Delta \ln GA_I$$

Tabelle 15: **Elastizitäten des Geldangebotsmultiplikators in bezug auf seine approximativen Determinanten**

Datum	$E(m, c)$*	$E(m, r + l)$	$(E\, m, r_Ü)$	$E(m, r_M + l)$	$E(m, b)$	$E(m, f_1)$	$E(m, f)$	$E(m, k)$	$E(m, d)$	$E(m, z)$	$E(m, s)$	$E(m, z + s)$
1960 II	−.35	−.34	−.28	−.07	+.01	− .73	−.02	−.26	+.61	−.04	−.20	−.24
1960 IV	−.31	−.37	−.31	−.07	+.02	− .68	+.05	−.29	+.59	−.04	−.17	−.21
1961 II	−.31	−.30	−.23	−.07	+.01	− .82	−.02	−.31	+.62	−.04	−.18	−.22
1961 IV	−.25	−.33	−.26	−.08	+.02	− .84	+.07	−.37	+.61	−.03	−.14	−.17
1962 II	−.24	−.30	−.21	−.09	+.01	− .95	+.05	−.39	+.62	−.03	−.13	−.16
1962 IV	−.16	−.32	−.22	−.10	+.03	− .98	+.13	−.46	+.62	−.02	−.08	−.10
1963 II	−.21	−.29	−.18	−.11	+.01	−1.12	+.06	−.41	+.62	−.03	−.11	−.14
1963 IV	−.17	−.34	−.23	−.11	+.03	−1.09	+.15	−.45	+.62	−.03	−.09	−.12
1964 II	−.22	−.28	−.17	−.11	+.02	−1.28	+.05	−.40	+.62	−.04	−.11	−.15
1964 IV	−.19	−.34	−.23	−.11	+.03	−1.22	+.13	−.42	+.61	−.03	−.10	−.13
1965 II	−.25	−.29	−.17	−.12	+.02	−1.35	+.03	−.37	+.62	−.04	−.13	−.17
1965 IV	−.24	−.34	−.23	−.12	+.02	−1.30	+.08	−.37	+.61	−.05	−.12	−.17

1966 II	−.31	−.28	−.16	−.12	+.02	−1.37	−.05	−.31	+.62	−.06	−.16	−.22
1966 IV	−.30	−.32	−.21	−.11	+.02	−1.34	−.01	−.31	+.61	−.06	−.15	−.21
1967 II	−.37	−.27	−.16	−.11	+.01	−1.43	−.11	−.24	+.61	−.08	−.19	−.27
1967 IV	−.37	−.34	−.23	−.11	+.02	−1.39	−.06	−.23	+.60	−.08	−.19	−.27
1968 II	−.46	−.30	−.19	−.11	+.01	−1.53	−.17	−.16	+.61	−.10	−.22	−.32
1968 IV	−.46	−.36	−.25	−.11	+.02	−1.49	−.12	−.15	+.61	−.10	−.23	−.33
1969 II	−.53	−.32	−.20	−.11	+.04	−1.71	−.25	−.09	+.62	−.13	−.25	−.38
1969 IV	−.52	−.37	−.25	−.12	+.03	−1.76	−.18	−.10	+.62	−.14	−.24	−.38
1970 II	−.54	−.34	−.22	−.12	+.06	−2.07	−.26	−.08	+.62	−.15	−.24	−.39
1970 IV	−.56	−.36	−.24	−.12	+.03	−2.07	−.24	−.08	+.64	−.17	−.24	−.41
$\bar{E}$	−.33	−.32	−.22	−.10	+.02	−1.30	−.03	−.28	+.62	−.07	−.17	−.24

$^{*}c = r + l - b + f$

Tabelle 16: **Elastizitäten des Kreditmultiplikators in bezug auf seine approximativen Determinanten**

Datum	$E(a, r)$	$E(a, r_Ü)$	$E(a, r_M)$	$E(a, e)$	$E(a, b)$	$E(a, f_1)$	$E(a, f_2)$	$E(a, k)$	$E(a, z)$	$E(a, s)$	$E(a, o)$
1960 II	−.41	−.33	−.08	—	.01	− .87	.71	−.65	.08	.37	.19
1960 IV	−.45	−.37	−.08	—	.02	− .82	.73	−.69	.09	.39	.19
1961 II	−.43	−.28	−.15	.06	.01	− .98	.80	−.69	.09	.39	.19
1961 IV	−.50	−.30	−.20	.09	.02	− .99	.91	−.77	.10	.42	.19
1962 II	−.54	−.25	−.29	.16	.01	−1.11	1.00	−.77	.11	.42	.19
1962 IV	−.60	−.25	−.35	.20	.03	−1.14	1.11	−.84	.12	.45	.19
1963 II	−.56	−.21	−.35	.19	.01	−1.29	1.18	−.79	.12	.42	.20
1963 IV	−.60	−.27	−.33	.18	.03	−1.26	1.24	−.83	.13	.43	.20
1964 II	−.54	−.20	−.34	.18	.02	−1.47	1.33	−.78	.13	.40	.21
1964 IV	−.59	−.27	−.32	.17	.03	−1.42	1.35	−.81	.14	.41	.21
1965 II	−.52	−.20	−.32	.16	.02	−1.57	1.38	−.75	.14	.38	.22
1965 IV	−.57	−.26	−.31	.15	.02	−1.51	1.38	−.76	.14	.38	.22

1966 II	—.49	—.19	—.30	.14	.02	—1.60	1.32	—.70	.14	.36	.22
1966 IV	—.53	—.25	—.28	.13	.02	—1.56	1.33	—.70	.14	.35	.23
1967 II	—.45	—.19	—.26	.11	.01	—1.69	1.32	—.63	.13	.32	.22
1967 IV	—.50	—.27	—.23	.08	.02	—1.65	1.33	—.63	.14	.32	.23
1968 II	—.43	—.23	—.20	.06	.01	—1.85	1.36	—.55	.12	.27	.23
1968 IV	—.49	—.31	—.18	.04	.02	—1.81	1.37	—.54	.12	.26	.23
1969 II	—.43	—.25	—.18	.03	.05	—2.12	1.46	—.47	.12	.22	.24
1969 IV	—.49	—.31	—.18	.03	.04	—2.17	1.58	—.48	.13	.22	.24
1970 II	—.45	—.26	—.19	.03	.07	—2.54	1.81	—.46	.13	.21	.24
1970 IV	—.48	—.29	—.19	.03	.04	—2.57	1.83	—.44	.13	.19	.25
Ē	—.50	—.26	—.24	.10	.02	—1.54	1.27	—.67	.12	.34	.22

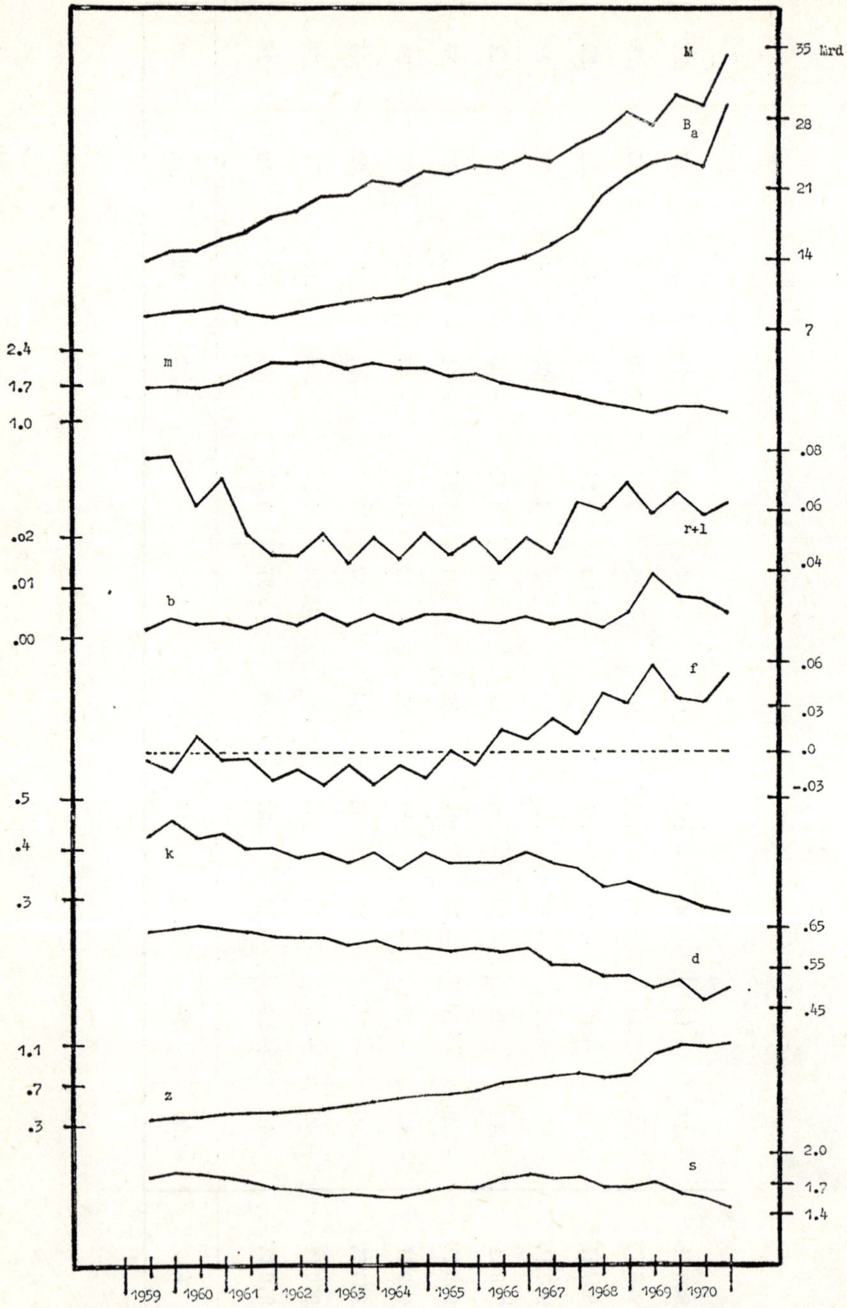

Abb. 2: Zeitliche Entwicklung von Geldmenge, Geldbasis, Geldmultiplikator und Multiplikatorkomponenten 1959 II - 1970 IV

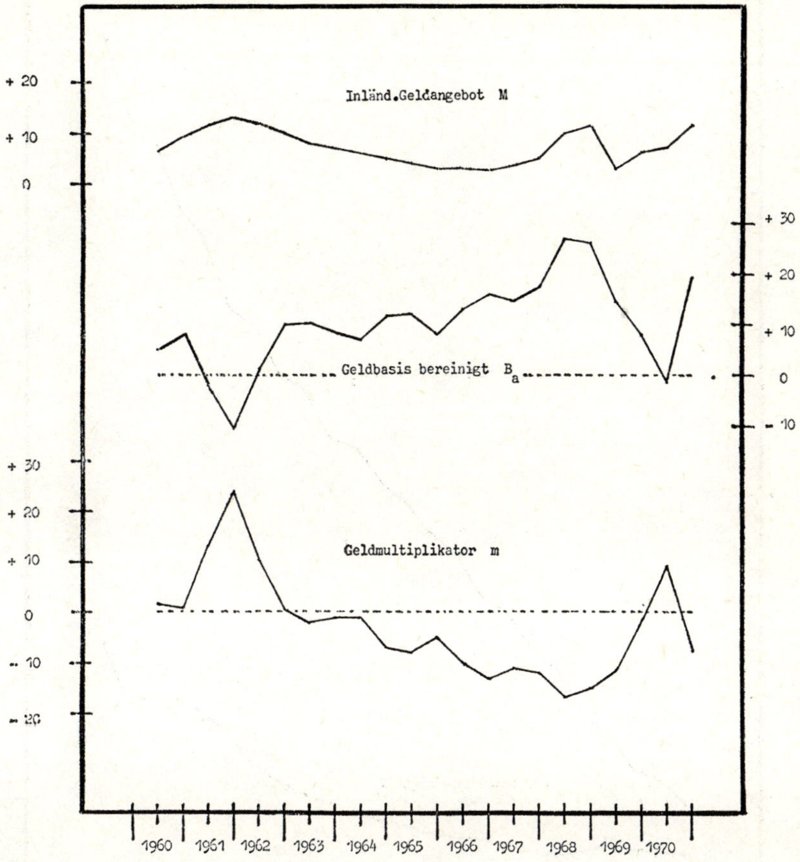

Abb. 3: Wachstum von inländischer Geldmenge bereinigter Geldbasis und Geldmultiplikator 1960 II - 1970 IV jeweils gegenüber dem Vorjahr in %

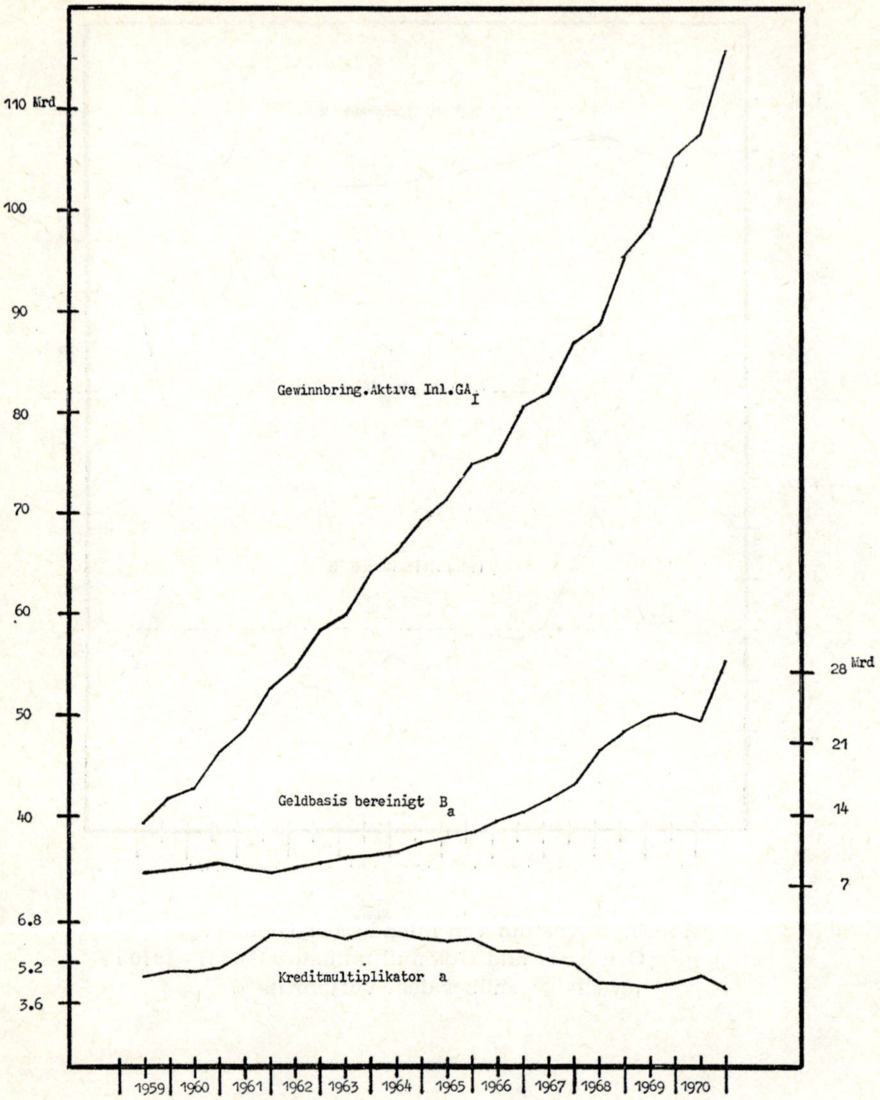

Abb. 4: Zeitliche Entwicklung von inländischen gewinnbringenden Aktiva, bereinigter Geldbasis und Kreditmultiplikator 1959 II - 1970 IV

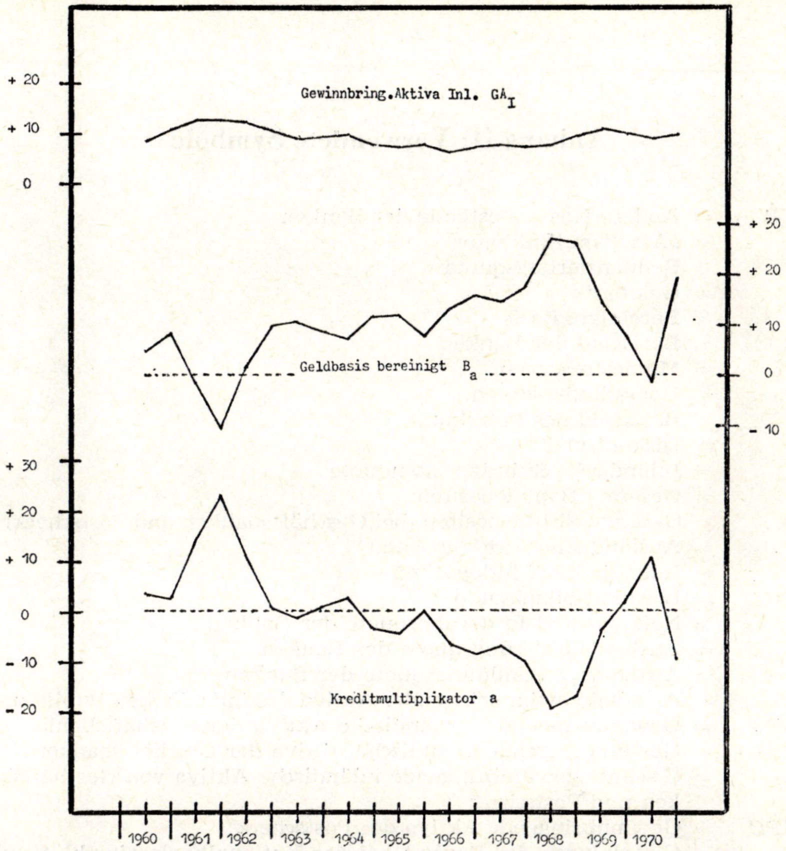

Abb. 5: Wachstum von inländischen gewinnbringenden Aktiva bereinigter Geldbasis und Kreditmultiplikator 1960 II - 1970 IV jeweils gegenüber dem Vorjahr in %

Anhang II: Verwendete Symbole

AKB = Andere Kassenbestände der Banken
a = „Asset"multiplikator
b = Refinanzierungsquote
B = Geldbasis
B_a = Bereinigte Basis
BB = Basisgeld der Banken
BB_M = Mindestreserven
$BB_Ü$ = Überschußreserven
BP = Basisgeld des Publikums
δ = Diskontsatz
d = Inländische Sichtdepositenquote
D = Gesamte Bankdepositen
DD = Gesamte Sichtdepositen (bei Geschäftsbanken und Postscheck)
DD_A = Ausländische Sichtdepositen
DD_I = Inländische Sichtdepositen
$EX\text{-}IM$ = Leistungsbilanzsaldo
f = Nettoauslandsforderungsquote der Banken
f_1 = Auslandsforderungsquote der Banken
f_2 = Auslandsverschuldungsquote der Banken
g = Angebot gewinnbringender Aktiva des inländischen Publikums
GAB_A = Gewinnbringende ausländische Aktiva der Geschäftsbanken
GAB_I = Gewinnbringende inländische Aktiva der Geschäftsbanken
GA_I = Gesamte gewinnbringende inländische Aktiva von Geschäftsbanken und Postscheck
$GAPC$ = Gewinnbringende Aktiva des Postscheck
GB = Giroeinlagen der Banken bei der Nationalbank (einschl. Sonderkonto PTT)
h = Kurzfristige Verbindlichkeiten / gesamte Depositen
I = Inländische Nettoinvestitionen
i_{EU} = Euromarktzins
i_K = Inländischer Kapitalmarktzins
i_Z = Verzinsung in- und ausländischer Zeiteinlagen
i_S = Spareinlagenzins
IR = Internationale Reserven der Nationalbank und der Geschäftsbanken
IR_a = Bereinigte Internationale Reserven
k = Kassenhaltungskoeffizient des Publikums
KLB = Kumulierte Leistungsbilanzsalden
KV = Kurzfristige Verbindlichkeiten der Geschäftsbanken
l = Freigesetzter Reservesatz
L = Kumulierte Summe der aufgrund von Änderungen der Mindesthaltungsvorschriften seit März 1961 gebundenen bzw. freigesetzten Reserven
m = Geldangebotsmultiplikator
M = Inländische Geldmenge

m_d = Sichtdepositenmultiplikator
MR = Mindestreserveanforderungen
N = Gesamter Notenumlauf
NAP_A = Nettoaktiva des Publikums gegenüber dem Ausland
NB = Noten bei Banken und Postscheck
$NGAB_A$ = Nettogewinnbringende Aktiva der Banken gegenüber dem Ausland
NP = Noten beim Publikum
o = Restkoeffizient der konsolidierten Bankenbilanz
OL = Übrige Verpflichtungen in der konsolidierten Bankenbilanz
OM = Offenmarktportefeuille der Nationalbank
p = Volkseinkommensdeflator
p_A = Ausländisches Preisniveau
PB_A = Ausländische Passiva der Banken
p_I = Inländischer Konsumentenpreisindex
PC = Totale Sichteinlagen beim Postscheck
POL = Inländische Komponente der Geldbasis
POL_a = Politisch kontrollierter Teil der bereinigten Geldbasis
r = Reservesatz
RF = Refinanzierung
r_{KV} = Durchschnittlicher Pflichtreservesatz auf kurzfristige Verbindlichkeiten
r_M = Totaler Mindestreservesatz
$r_Ü$ = Überschußreservesatz
σ = Verteilungsparameter der individuellen Einlagehöhen bei Banken
s = Spareinlagenkoeffizient
S = Spardepositen
TVB = Täglich fällige Verbindlichkeiten der SNB gegen Banken
$TVBH$ = Täglich fällige Verbindlichkeiten der SNB gegen Banken, Handel und Industrie
TVH = Täglich fällige Verbindlichkeiten der SNB gegen Handel und Industrie
$Ü$ = Übrige Posten in der Nationalbankbilanz
w = Swapsatz
Y = Nominaleinkommen
z = Zeiteinlagenkoeffizient
Z = Zeiteinlagen
ZB = Girorechnungen von Banken mit vorübergehender zeitlicher Bindung bei der SNB

Literaturverzeichnis

Aufsätze und Bücher

Alexander, Volbert (1972): Geldangebot und Geldbasiskontrolle in der Bundesrepublik Deutschland, Diss. Universität Konstanz 1972

Brunner, Karl (1961): „A Schema for the Supply Theory of Money", in: International Economic Review, Vol. 2, No. 1, January 1961, p. 79 - 109

— (1971 a): „A Survey of Selected Issues in Monetary Theory", in Schweiz. Zeitschr. für Volkswirtschaft und Statistik, 1971, S. 1 - 146

— (1971 b): „Arguments and Cognitive Progress: A Hypothesis with Examples from Discussion of Monetary Analysis", unveröffentlichter Aufsatz, Rochester — Konstanz 1971

— (1972 a): „Ineffectual Policy or Misconceived Theory", in: Demand Management — Globalsteuerung — Symposium 1971, ed. by H. *Giersch*, Tübingen 1972, S. 223 - 237

— (1972 b): Money Supply Processes and Monetary Policy in an Open Economy", unveröffentlichter Aufsatz, Rochester — Konstanz 1972

— und *Meltzer*, Allan H. (1968): „Liquidity Traps for Money, Bank Credit, and Interest Rates", in: Journal of Political Economy, Vol. 76, 1968, S. 1 bis 36

— und *Neumann*, Manfred J. M. (1971): „Analyse monetärer Hypothesen des Sachverständigenrates zur Begutachtung der gesamtwirtschaftlichen Entwicklung", in: Kyklos, Vol. XXIV, — 1971 — Fasc. 2, S. 223 - 239

— und *Neumann*, Manfred J. M. 1972): „Monetäre Analyse des Sachverständigengutachtens: Eine Antwort", in: Kyklos, Vol. XXV — 1972 — Fasc. 1, S. 128 ff.

Burger, Albert E. (1970): An Explanation of the Money Supply Process, Belmont: Wadsworth Publishing Co. 1970, 213 S.

Cagan, Phillip (1965): Determinants and Effects of Changes in the Stock of Money, 1875 - 1960, National Bureau of Economic Research, Studies in Business Cycles No. 13, New York, London 1965

Fratianni, Michele (1971): Bank Credit Formation, Money Supply Processes and Monetary and Fiscal Policies in an Open Economy: the Italian Experience 1958 - 1969 (Ph. D. dissertation, Ohio State University, 1971), 263 S.

— (1972): „Bank Credit and Money Supply Processes in an Open Economy: A Model Applicable to Italy", in: Metroeconomica, Vol. XXIV, Gennaio — Aprile 1972 — Fasc. I, S. 24 - 69

Friedman, Milton und *Schwartz*, Anna, J. (1963): A Monetary History of the United States 1867 - 1960, National Bureau of Economic Research, Studies in Business Cycles No. 12, Princeton 1963, 860 S.

Gal, Michael (1971 a): „Der Einfluß der ausländischen Kapitalmärkte und der staatlichen Währungspolitik auf den schweizerischen Kapitalmarkt", Referat, gehalten an der Hochschule St. Gallen, Januar 1971

— (1971 b): „Erfahrungen der Schweiz mit der Kreditplafondierung", in: Kredit und Kapital, 4. Jg. 1971, S. 195 - 222

Köhler, Claus (1968): Orientierungshilfen für die Kreditpolitik, Berlin 1968

Korteweg, Peter (1972): „Money Supply in an Open Economy: The Dutch Experience, 1953 - 1970", Working paper No. 7205, Money and Banking Workshop Netherlands School of Economics, May 1972

Leutwiler, Fritz (1971): „Theorie und Wirklichkeit in der Notenbankpolitik", Schweiz. Zeitschr. für Volkswirtschaft und Statistik, 1971, S. 275 - 289

Meltzer, Allan H. (1959): „The Behavior of the French Money Supply: 1938 bis 54", in: The Journal of Political Economy, Vol. LXVII, June 1959, Number 3

Neumann, Manfred J. M. (1972): „Bank Liquidity and the Extended Monetary Base as Indicators of German Monetary Policy" in: Proceedings of the First Konstanzer Seminar, Kredit und Kapital, Beiheft 1, Berlin 1972, S. 165 - 217

Niehans, Jürg und *Schelbert*, H. (1966): Simultaneous Determination of Interest and Prices in Switzerland by a Two-Market Model for Money and Bonds", Econometrica, April 1966, S. 408 ff.

Rentsch, Frank (1955): „Die Rolle des Postchecks im Geld und Kreditsystem unter besonderer Berücksichtigung der Schweiz", Diss., Winterthur 1955

Ritzmann, Franz (1971): „Determinants of the Money Supply in Switzerland", Discussion Paper presented in a Seminar at the Ohio State University 1971

Schelbert, Heidi (1967): „Empirische Untersuchungen über die Geldnachfrage in der Schweiz", (Habil.) Zürich 1967, S. 180

Schui, Herbert (1972): „Analyse der Geld- und Kreditangebotsprozesse in einer planifizierten Wirtschaft, Frankreich 1959 - 1970" Diss. Universität Konstanz, Oktober 1972

Siebke, Jürgen und *Willms*, Manfred (1970): „Das Geldangebot in der Bundesrepublik Deutschland. Eine empirische Analyse für die Periode von 1958 bis 1968", in: Zeitschrift für die gesamten Staatswissenschaften 1970, S. 55 bis 74

Tuchtfeldt, Egon (1968 a): „Die Abwehr von Auslandsgeldern mittels Gentlemen's Aggreements in der Schweiz", in: Kredit und Kapital, 1. Jg. 1968, S. 439 - 471

— (1968 b): „Gentlemen Aggreements als Instrument der schweizerischen Geldpolitik", in: Geldtheorie und Geldpolitik (Festschrift für G. Schmölders) hrsg. v. C. A. Andreae u. a., Berlin 1968, S. 135 - 154

Willms, Manfred (1971): „Controlling Money in an Open Economy: The German Case", in: Federal Reserve Bank of St. Louis, April 1971, S. 10 bis 27

Wolff, Heide (1969): Die Liquiditätsversorgung des schweizerischen Bankensystems, Berlin 1969, 131 S.

Handbücher

Handbuch des Bank-, Geld- und Börsenwesens der Schweiz, Hrsg. *Albisetti*, E. u. a., Thun 1964

Amtliche Veröffentlichungen und statistische Quellen

Banken und Sparkassen: I. Bundesgesetz vom 8. November 1934, II. Vollziehungsverordnung vom 30. August 1961

Bank of England: Statistical Abstract, Quarterly Bulletin

Botschaft des Bundesrates an die Bundesversammlung betreffend die Revision des Nationalbankgesetzes (vom 24. Juni 1968), Sonderdruck

International Financial Statistics

Jahresgutachten 1970, Deutscher Bundestag, 6. Wahlperiode, Drucksache VI/1470 vom 30. 11. 70

Monatsberichte der Schweizerischen Nationalbank

Das Schweizerische Bankwesen im Jahre ..., Mitteilungen der volkswirtschaftlichen und statistischen Abteilung der Schweizerischen Nationalbank

Schweizerische Nationalbank: Geschäftsberichte 1959 - 1970

Unveröffentlichte Daten der PTT-Betriebe über die Kassenbestände des Postschecks

Die Volkswirtschaft, Monatschrift des Eidgenössischen Volkswirtschaftsdepartementes

Untersuchungen über das Spar-, Giro- und Kreditwesen

Abteilung A: Wirtschaftswissenschaft

Herausgegeben von Professor Dr. Dr. Dr. h. c. Fritz Voigt

1. **Beiträge zur Theorie des Sparens und der wirtschaftlichen Entwicklung.** 227 S. 1958. 2. unveränd. Aufl. in Vorbereitung.

2. **Die Liquiditätsverhältnisse der deutschen Sparkassen.** Von Dr. L. Sperk und Dipl.-Vw. Dr. M. Wilsdorf. 184 S. 1956. DM 18,60.

3. **Das Liquiditätsproblem bei den Girozentralen.** Von Dr. D. Golz. 193 S. 1956. DM 24,60.

4. **Auswirkungen der Mindestreservepflicht unter besonderer Berücksichtigung der Sparkassen.** Von Dipl.-Vw. Dr. E. Floss. 70 S. 1956. DM 7,80.

5. **Die Wertpapieranlage der Kreditinstitute.** Von Dr. R. Stützer. 157 S. 1957. DM 18,60.

6. **Einkommensverhältnisse und private Geldkapitalbildung in Westdeutschland 1925 bis 1953.** Von Dr. H. Osthues. 204 S. 1957. DM 27,60.

7. **Der Betriebsvergleich bei Sparkassen.** Von Dipl.-Kfm. H.-G. Bindewalt und Dr. H. Kolbeck. 244 S. 1959. DM 29,—.

8. **Die Verflechtung zwischen Sparkassen und Girozentralen.** Von Dr. A. Dick. 119 S. 1959. DM 15,80.

9. **Die Struktur des Bankwesens als Gegenstand wirtschaftsstatistischer Analyse.** Von Prof. Dr. I. Esenwein-Rothe. 329 S. 1959. DM 42,80.

10. **Die Anwendbarkeit der modernen Kreditschöpfungslehre auf die besondere Art des Sparkassengeschäfts.** Von Dr. H. Feifel. 249 S. 1959. DM 33,—.

11. **Die unterschiedlichen Auffassungen von der Wirkung des Sparens und die moderne Wachstumstheorie.** Von Dr. H. Peters. 120 S. 1960. DM 14,80.

12. **Die niedersächsischen Sparkassen.** Von Dr. W. Weidner. 212 S. 1960. DM 32,60.

13. **Bestimmungsgründe und volkswirtschaftliche Auswirkungen des Verhaltens der Sparkassen im langfristigen Wohnungsbaukreditgeschäft.** Von Dr. M. Wilsdorf. 194 S. 1960. DM 22,60.

14. **Die Mitwirkung der Hausbanken bei der Vergebung und Verwaltung öffentlicher Kredite.** Von Dr. H. Menzel. 212 S. 1960. DM 24,80.

15. **Die Zinsempfindlichkeit der deutschen Sparer.** Von Dr. B. Wissmann. 152 S. 1960. DM 22,80.

16. **Verbrauchen und Sparen.** Von Dr. A. Ghanie Ghaussy. 236 S. 1964. DM 39,60.

17. **Bestimmungsgründe des persönlichen Sparens.** Von Dr. W. Paschke. 223 S. 1961. DM 32,60.

18. **Beiträge zur Geldtheorie und Geldpolitik.** Von Prof. Dr. H.-G. Johnson. Aus dem Amerikanischen übertragen von H. Rudloff. 342 S. 1969. DM 44,60.

19. **Die Staatsaufsicht über die kommunalen Sparkassen.** Von Dr. H. Frick. 250 S. 1962. DM 38,60.

20. **Die Vereinbarungen und Zusammenschlüsse im Kreditwesen.** Von Dr. G. Buschmann. 174 S. 1963. DM 24,80.

21. **Die Rechtsgrundlagen des Reisescheckverkehrs.** Von Dr. O.-R. Heinichen. 157 S. 1964. DM 24,60.

22. **Monetäre Probleme der Konjunkturpolitik in der EWG.** Von Prof. Dr. O. Issing. 163 S. 1964. DM 24,80.

23. **Strukturwandlungen in der Anlagepolitik der Kreditbanken.** Von Dr. H.-H. Stein. 191 S. 1964. DM 28,60.

24. **Die Beziehungen zwischen moderner Wettbewerbstheorie und ökonomischer Realität im Realkreditsektor.** Von Dr. W. Dobrinski. 243 S. 1964. DM 39,60.

25. **Der Einfluß der Gemeinde auf die kommunale Sparkasse.** Von Dr. H. Clausen. 160 S. 1964. DM 24,80.

26. **Die Beziehungen zwischen der Notenbank und den Trägern der Girosysteme.** Von Dr. H. J. Rieken. 170 S. 1964. DM 24,80.

27. **Die internationale Liquidität.** Von Prof. Dr. D. J. Delivanis. 94 S. 1965. DM 14,60.

28. **Leitwährung und internationale Währungsordnung.** Von Prof. Dr. O. Issing. 374 S. 1965. DM 54,60.

29. **Analytischer Vergleich zwischen Verrechnungsscheck und Überweisung vom Standpunkt der Kreditinstitute.** Von Dr. U. Trurnit. 257 S. 1966. DM 49,60.

30. **Marktforschung der Kreditinstitute.** Von Dr. U. Weiss. 307 S. 1966. DM 53,80.

31. **Die Entwicklung der sozialen und ökonomischen Struktur der Ersparnisbildung in der Bundesrepublik Deutschland.** Von Dr. R. Exo. 410 S. 1967. DM 68,60.

32. **Die Beziehungen zwischen dem institutionellen Aufbau des Geld- und Kreditsystems und dem wirtschaftlichen Wachstum.** Von Dr. D. Spaetling. 251 S. 1966. DM 54,60.

33. **Geldversorgung, Preisniveau und reales Wirtschaftswachstum bei alternativen Grundprinzipien der geldwirtschaftlichen Ordnung.** Von Dr. H. Friedrich. 205 S. 1967. DM 38,60.

34. **Außenhandel, wirtschaftliche Expansion und Preisniveau.** Von Dr. M. Hieber. 150 S. 1967. DM 28,60.

35. **Die Bedeutung des staatlichen Sparens für die Kapitalbildung und das Wirtschaftswachstum.** Von Dr. D. Kath. 172 S. 1968. DM 28,60.

36. **Die Entwicklung des Kommunalkredits.** Von Dr. H. Gloth. 230 S. 1967. DM 43,80.

37. **Die Finanzpolitik des Deutschen Reiches im Ersten Weltkrieg.** Von Dr. K. Roesler. 237 S. 1967. DM 44,60.

38. **Die rechtliche Einordnung der Immobilienfondsgesellschaften und das Erfordernis einer gesetzlichen Sonderregelung.** Von Dr. N. Kruhme. 120 S. 1968. DM 19,60.

39. **Die Bedeutung der Finanzgebarung der öffentlichen Hand für den Geldwert in Frankreich nach 1945.** Von Dr. M.-L. Herschtel. 256 S. 1968. DM 49,60.

40. **Die Standortfrage bei Kreditinstituten.** Von Dr. J. D. Siepmann. 377 S. 1968. DM 78,—.

41. **Zahlungsverkehr und Mittelstandsidee.** Von Dr. J. Wysocki. 120 S. 1969. DM 28,60.

42. **Der Verwaltungsrat der Sparkasse.** Von Dr. H. aus der Fünten. 322 S. 1969. DM 56,60.

43. **Die Mechanismen der Zentralbankgeldschöpfung und ihre Kontrollierbarkeit durch die Zentralbank.** Von Dr. B. Gaude. 209 S. 1969. DM 39,60.

44. **Die Aufwertungsspekulation.** Von Dr. W. Steuer. 180 S. 1969. DM 33,60.

45. **Ursachen und Wirkungen der regionalen Differenzierung der privaten Spartätigkeit in Industrieländern.** Von Dr. J. Frerich. 205 S. 1969. DM 45,80.

46. **Die Beschränkungen des Wirkungsbereichs der kommunalen Sparkassen durch die horizontale und die vertikale Kommunalgliederung in Nordrhein-Westfalen.** Von Dr. K. Köhler. 145 S. 1969. DM 26,60.

47. **Vermögensbestand, Sparverhalten und Wirtschaftswachstum.** Von Dr. H. Rudloff. 192 S. 1969. DM 39,60.

48. **Theoretische Unterstützungen zum mikro- und makroökonomischen Kreditangebot.** Von Dr. G. A. Kartsaklis. 205 S. 1970. DM 45,80.

49. **Untersuchungen über den Nutzen kommunaler Wirtschaftsförderungsmaßnahmen.** Von Dr. P. Eichhorn und Dr. P. Friedrich. 98 S. mit 2 Ausschlagtaf. 1970. DM 22,60.

50. **Die Struktur des Sparens in der Bundesrepublik Deutschland von 1950 bis 1967.** Von W. Kaiser und A. Zerwas. 101 S. 1970. DM 26,60.

51. **Die Beeinflussung des Wirtschaftswachstums in Deutschland von 1883 bis 1913 durch das Bankensystem.** Von Dr. E. Eistert. 189 S. 1970. DM 42,60.

52. **Die Sicherheit der Scheckeinlösung.** Von Dr. H.-Ch. Zahrnt. IV, 324 S. 1971. DM 58,60.

53. **Zinstheoretische Grundlagen der Geldpolitik.** Von Prof. Dr. M. Willms. 112 S. 1971. DM 36,60.

54. **Die Struktur der Nachfrage von Wirtschaftsunternehmen und privaten Haushalten nach finanziellem Vermögen in der Bundesrepublik Deutschland.** Von Dr. W.-A. Prautzsch. 151 S. 1971. DM 42,60.

55. **Der Einfluß paramonetärer Institutionen auf die Vermögensbildung, das Kreditangebot und die Geldpolitik.** Von Dr. U. Schirmer. 239 S. 1971. DM 66,60.

56. **Geldtheoretische und geldpolitische Probleme des Eurodollarmarktes.** Von Dr. P. Liepmann. 169 S. 1971. DM 46,60.

57. **Zur Geldtheorie Don Patinkins.** Von Dr. J. D. Jüttner. 231 S. 1971. DM 68,60.

58. **Ansätze und Möglichkeiten der Geld- und Fiskalpolitik als Finanzierungsinstrumente einer gesamtwirtschaftlichen Entwicklungspolitik, dargestellt am Beispiel Persiens.** Von Dr. M. Kiani. 147 S. 1971. DM 38,60.

59. **Akkreditiv und Grundverhältnis.** Von Dr. S. Borggrefe. 125 S. 1971. DM 29,60.

60. **Zur Vermögenssituation der privaten Haushalte in der Bundesrepublik Deutschland.** Von H.-D. Bosch. 2 Teilbände: I: Eine vergleichende sozio-ökonomische Datenanalyse für die Jahre 1960/61 und 1969. 160 S. 1973. DM 52,60. II: Ein tabellarischer Vergleich für die Jahre 1960/61 und 1969 aufgrund statistischer Erhebungen des Deutschen Sparkassen- und Giroverbandes. 212 S. 1971. DM 39,60.

61. **Zielkonforme Ausgestaltung der Mindestreservenpolitik.** Von Dr. P. Voss. 195 S. 1972. DM 46,60.

62. **Änderungen in Bankpolitik und Bankwesen als Teil der Wirtschaftsreformen der DDR.** Von Dr. Ch. Kunze. 200 S. 1972. DM 46,60.

63. **Kurzfristige zwischenstaatliche Kapitalbewegungen in der Bundesrepublik Deutschland 1960 - 70.** Von Dr. H. Priester. 217 S. 1972. DM 66,60.

64. **Die Bestandskontenreihe im System der Volkswirtschaftlichen Gesamtrechnung.** Von Dr. W. Kaiser. 198 S. 1972. DM 56,80.

65. **Die Kreditfinanzierung im Modell der flexiblen Planung.** Von Dr. A. Riemenschnitter. 109 S. 1972. DM 29,80.

66. **Leistungsveränderungen im Rahmen der Zielkonzeption öffentlich-rechtlicher deutscher Sparkassen.** Von Dr. L. Bauer. 195 S. 1972. DM 46,60.

67. **Die Bedeutung des Bankensystems im wirtschaftlichen Wachstumsprozeß Syriens.** Von Dr. A. T. Said. 112 S. 1972. DM 36,60.

68. **Geldentwertung und monetäre Stabilisierungspolitik.** Von Dr. M. van den Adel. 188 S. 1973. DM 56,—.

69. **Die Zinspolitik der Sparkassen in der Bundesrepublik Deutschland unter wirtschaftspolitischen Gesichtspunkte.** Von Dr. B. Last. 135 S. 1973. DM 38,60.

70. **Probleme der Sparförderung in der OECD.** Von H. Albach, W. Krelle, J. Siebke, W. Wittmann. 192 S. 1973. DM 59,60.

71. **Der Einfluß von Geldwertrisiko und Wertsicherungsklauseln auf die Vermögensdisposition.** Von Dr. N. Euba. 162 S. 1973. DM 42,60.

72. **Zur Theorie und Empirie der Fristigkeitsstruktur der Zinssätze.** Von Dr. H. Faßbender. 231 S. 1973. DM 78,60.

73. **Die Auswirkungen der Liquidität auf die Firmenentscheidungen.** Von Dr. H. Pehle. 139 S. 1974. DM 56,—.

74. **Theorie der Devisenspekulation.** Von Dr. H. Hochgesand. 167 S. 1974. DM 68,60.

75. **Marktstrategien im Hypothekarkreditgeschäft.** Von Dr. H. Kittel. 354 S. 1974. DM 78,60.